CB006814

Série A Política das Sombras
―――
O PARTIDO, vol. 1
A QUADRILHA, vol. 2
O GOLPE, vol. 3

1ª edição | julho de 2017 | 10 mil exemplares
2ª reimpressão | outubro de 2017 | 5 mil exemplares
3ª reimpressão | outubro de 2020 | 1 mil exemplares

CASA DOS ESPÍRITOS
Rua dos Aimorés, 3018, sala 904
Belo Horizonte | MG | 30140-073 | Brasil
Tel.: +55 (31) 3304 8300
editora@casadosespiritos.com.br
www.casadosespiritos.com.br

EDIÇÃO, PREPARAÇÃO E NOTAS
Leonardo Möller

REVISÃO
Naísa Santos
Daniele Marzano

CAPA
Andrei Polessi

ILUSTRAÇÃO DE CAPA
Zé Otávio

PROJETO GRÁFICO DE MIOLO E DIAGRAMAÇÃO
Victor Ribeiro

IMPRESSÃO E ACABAMENTO
PlenaPrint

o golpe_

Dados Internacionais de Catalogação na Publicação (CIP)
(Câmara Brasileira do Livro, SP, Brasil)

Inácio, Ângelo (Espírito).
O golpe / pelo espírito Ângelo Inácio ; [psicografado por]
Robson Pinheiro. — 1. ed. — Contagem, MG : Casa dos
Espíritos Editora, 2017. — (Série A política das sombras ; v. 3)

Bibliografia.
ISBN: 978-85-99818-66-4

1. Espiritismo 2. Psicografia 3. Romance espírita
I. Pinheiro, Robson. II. Título. III. Série.
17-06168   CDD-133.9

Índices para catálogo sistemático:
1. Romance espírita : Espiritismo 133.9

OS DIREITOS AUTORAIS desta obra foram cedidos gratuitamente pelo médium Robson Pinheiro à Casa dos Espíritos, que é parceira da Sociedade Espírita Everilda Batista, instituição de ação social e promoção humana, sem fins lucrativos.

COMPRE EM VEZ DE COPIAR. Cada real que você dá por um livro espírita viabiliza as obras sociais e a divulgação da doutrina, às quais são destinados os direitos autorais; possibilita mais qualidade na publicação de outras obras sobre o assunto; e paga aos livreiros por estocar e levar até você livros para seu crescimento cultural e espiritual. Além disso, contribui para a geração de empregos, impostos e, consequentemente, bem-estar social. Por outro lado, cada real que você dá pela fotocópia ou cópia eletrônica não autorizada de um livro financia um crime e ajuda a matar a produção intelectual.

O Acordo Ortográfico da Língua Portuguesa, ratificado em 2008, foi respeitado nesta obra.

A Casa dos Espíritos acredita na importância da edição ecologicamente consciente. Por isso mesmo, só utiliza papéis certificados pela Forest Stewardship Council® para impressão de suas obras. Essa certificação é a garantia de origem de uma matéria-prima florestal proveniente de manejo social, ambiental e economicamente adequado, resultando num papel produzido a partir de fontes responsáveis.

A política das sombras, vol. 3

o golpe_
robson
pinheiro

pelo espírito Ângelo Inácio

"Sede sóbrios; vigiai; porque o diabo, vosso adversário, anda em derredor, bramando como leão, buscando a quem possa tragar"

1 Pedro 5:8

"Bem-aventurados os que têm fome e sede de justiça, porque eles serão fartos."

MATEUS 5:6

"Porque, se Deus não perdoou aos anjos que pecaram, mas, havendo-os lançado no inferno, os entregou às cadeias da escuridão, ficando reservados para o juízo; tendo os olhos cheios de adultério, e não cessando de pecar, engodando as almas inconstantes, tendo o coração exercitado na avareza, filhos de maldição; estes são fontes sem água, nuvens levadas pela força do vento, para os quais a escuridão das trevas eternamente se reserva."

2 Pedro 2:4,14,17

sumário_

preâmbulo_ 16

Carta do espírito José do Patrocínio
à gente brasileira

capítulo 1_ 30

Os filhos da besta

capítulo 2_ 58

A Horda

capítulo 3_ 84

Mensageiro da justiça

capítulo 4_ 114

Assuntos urgentes

capítulo 5_ 138

Na noite mais escura, na treva
mais densa…

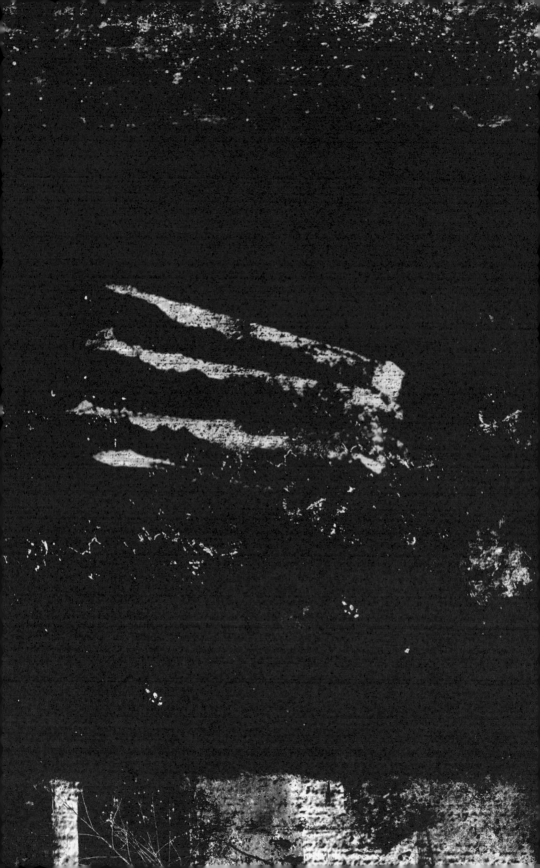

capítulo 6_ 164
Tática de guerra

capítulo 7_ 194
Moderna obsessão

capítulo 8_ 224
Navalha do crime

capítulo 9_ 252
Testando limites

capítulo 10_ 282
Guerra de facções

epílogo_ 316
Tango em Mendoza

referências bibliográficas_ 340

preâmbulo

Carta do espírito José do Patrocínio
à gente brasileira

COM O PARTIDO: projeto criminoso de poder, *lançado em maio de 2016, por ocasião da instauração do processo de* impeachment *contra a então presidente do Brasil, o espírito Ângelo Inácio introduziu a série* A política das sombras. *Na ocasião, recomendou que a* Carta do espírito Tancredo Neves à nação brasileira, *publicada originalmente cerca de nove meses antes, fosse convertida em prefácio daquela obra. Porém, mais outro espírito, na altura, quis se manifestar.*

José do Patrocínio (1853–1905) foi jornalista, farmacêutico e líder abolicionista fluminense, tendo sido ele próprio filho de mãe escrava. Morreu aos 51 anos de idade, após ter enfrentado até mesmo o desterro no Amazonas, em virtude de textos publicados em seu jornal, fechado durante a vigência do estado de sítio na incipiente república brasileira. Como espírito, permanece interessado nos rumos e nos contornos que ganham a política e a nação brasileiras, conforme se pode ver no texto a seguir, rascunhado em agosto de 2015 e concluído apenas dez meses depois. Note-se que a mensagem — até o momento, inédita — permanece atual.

Belo Horizonte, agosto de 2015.

Amigos e irmãos de todos os povos,
meus irmãos brasileiros,
Deus abençoe o povo brasileiro
nos desafios das horas incertas!

ANTE O QUADRO INQUIETANTE que se alastra no cenário nacional, ante as dores do povo diante dos sacrifícios pelos quais passa a nação, não olvidemos Jesus, o divino timoneiro que embala a embarcação terrestre, conduzindo os destinos do mundo ao porto da sua misericórdia. Sobretudo neste momento pelo qual passa o planeta, em pleno andamento do processo de transição — no qual parece, aos olhos do vulgo, que as coisas saíram do controle em diversas nações —, unamo-nos na fé e na oração, conectando-nos com as fontes superiores do bem e da luz, com os guardiões invisíveis da humanidade. Porém, não nos detenhamos apenas em vibrações; pronunciemo-nos todos em favor da justiça, da equidade, da dignidade e dos valores conquistados ao longo dos séculos.

Em oração, auxiliemos quanto for possível, a fim

de que aqueles que temporariamente detêm o poder em suas mãos não se sintam desamparados. Isso porque eles, de maneira mais acentuada, carregam sobre os ombros o peso das decisões que poderão afetar expressiva parcela da população já tão sofrida e desgastada do nosso país. Os que tentam acertar, em qualquer âmbito em que se encontrem, precisam de orações de qualquer um de nós.

A família brasileira, os religiosos, os espiritualistas, aqueles que mantêm a chama da fé acesa no templo do coração devem se unir e ter a coragem de se manifestar, de ser o fermento que leveda a massa, de dar sua opinião e de posicionar-se, de maneira ordeira. Roguemos que a inspiração se derrame sobre quem dela carece, a fim de conduzir o povo brasileiro ao equilíbrio de forças, tão necessário a este momento delicado.

Se é verdade que forças de oposição ao bem e ao progresso estão em guerra declarada contra as realizações e as conquistas da nação, também existe outra verdade indiscutível. É que, acima de todos nós, as bênçãos de Jesus patrocinam a atuação dos guardiões superiores por meio daqueles que se irmanam no objetivo de contornar — quiçá superar — a situação atual.

Convém que a democracia, a pátria, os cidadãos brasileiros, o povo de todas as classes sociais abandonem ideias sectárias e ilusões acerca da existência de um plano, um grupo ou um partido salvacionista. Importa agir em conjunto, deixando de lado diferenças, brigas, intrigas e disputas para ver quem dominará, de modo a trabalhar por uma nação mais forte e fortalecer as lideranças que tentam, ainda que de forma limitada ou acanhada, conduzir a embarcação nacional a um porto seguro. Não há como não lembrar: aqueles que estão no poder e que governam, confie-se neles ou não, são tão humanos quanto vós; são filhos do mesmo Pai e requerem apoio e prece, ansiando por saber que os bons torcem e oram para que vençam as dificuldades mais expressivas. Nunca esqueçamos que eles, como nós, caem, erram, choram, passam noites sem dormir, pois ninguém, em sã consciência, vê uma situação deste naipe, como ora ocorre ao país, e se sente confortável, alheio a apreensões de toda espécie. Os que governam, por mais que se discorde deles, também sofrem, têm suas lutas internas e se digladiam com as mesmas falanges espirituais que se opõem ao bem.

Não obstante, tal verdade não justifica a inércia

e a omissão dos bons; não aduz à aceitação, de braços cruzados, dos mais ardorosos descalabros, pois estamos em pleno combate contra forças espirituais da maldade, que intentam impedir que esta nação cumpra seu legado espiritual.

Se é uma realidade que vivemos um momento de crise, num campo de batalha espiritual cujo palco são a nação e o próprio planeta, por outro lado, saibamos ter compaixão, perseverar e nos unir em torno de um pacto nacional regido pelo condão de promover auxílio. Não desistamos de ser bons somente porque os maus proliferam ao redor. Tenhamos coragem de lutar pela justiça e pelo bem, mesmo que os lobos estejam, neste momento, arregimentando-se em derradeiros golpes, movidos pelo mais profundo desatino.

A nação brasileira tem a missão futura de levar ao mundo uma ideia mais clara a respeito de conceitos como *amor, fraternidade, bondade* e *civilidade*. Contudo, o Brasil é uma nação jovem no cenário do mundo, que ainda vive a fase de adolescência em face de outras nações mais antigas. Outros povos, na época em que tinham essa mesma idade, viveram períodos muitíssimo conturbados e experimentaram revoluções incomuns, muitas vezes com repercussões desumanas para sua população. Apesar do rastro de dor e de amargura, muitos deles conseguiram superar tais situações mediante a união de forças, embora não sem dor ou desgaste de cidadãos e governantes.

Ninguém é perfeito. Caso os que detêm o poder logrem fazer tão somente bem feito, já convém nos dar por satisfeitos. Se porventura conseguirem se unir os opostos e se fortificar em torno de um pacto abrangente em prol da nação, que leve em conta a necessidade do povo e o fato de que o país é mais importante do que suas facções, mais ainda terão condições de superar a crise vigente.

Que a lei se cumpra para todos, no entanto, digladiarem-se uns contra os outros, trocarem acusações de parte a parte, reduzindo tudo a mero jogo de poder, não nos levará a nada. A nau soçobra, e, portanto, é fundamental unir as forças, unir as habilidades, unir as possibilidades de cada lado, de cada partido, de cada cidadão; urge que cada qual dê o melhor de si e se pronuncie publicamente em favor da nação, e não em favor de si próprio ou de idealismos que só beneficiam a quem deseja o poder a todo custo. Sabendo que atravessamos um momento de crise, em meio a uma tempestade avassaladora, é crucial dar as mãos e formar um feixe de varas, unidos no propósito de fazer o Brasil superar este momento e prosseguir na construção do seu futuro. Do contrário, cabe indagar: até onde a dor, a calamidade, o caos e a insensatez terão de chegar para que a busca pela solução ganhe lugar de destaque, à frente de disputas, querelas e divergências?

Unir-se não implica abandonar os próprios ideais ou a perspectiva sobre a situação, a vida e as forças que concorrem nos bastidores deste momento histórico de desafios. Unir-se significa, diante da crise que afeta a todos, calar temporariamente as dissidências, os discursos inflamados e os pontos de discórdia, no intuito de fortalecer a nação, que neste momento precisa do melhor de cada um, do melhor de cada lado, independentemente das particularidades defendidas por este ou aquele. Acima dos partidos, das corporações e das facções está o povo, a nação, a família brasileira. Portanto, conclamamos nossos irmãos, de todas as religiões e os matizes, a se unirem em oração, não importa a visão partidária e pessoal que porventura nutram — direito que assiste a cada um. Mas que não se restrinjam apenas a vibrações, pois o mal só será superado quando os realmente bons se manifestarem, expuserem-se em nome do que acreditam; enfim, quando os bons deixarem de ser tímidos ou covardes. Somente assim o bem prosperará na Terra.[1]

Que cada família possa se expressar ostentando a bandeira da paz, elevando-se, pelo pensamento, ao diretor sublime do planeta, rogando que tenha misericórdia dos que sofrem, dos que governam, dos que tentam acertar. Silenciemos as acusações e reunamo-nos em apoio à mudança, sabendo que toda crise passa, mas que, para passar, impõe que simplifiquemos a vida e as exigências cada vez mais, a fim de subsistir com qualidade. O momento exige que façamos a nossa parte, que falemos, que lutemos uma cruzada pacífica, mas não covarde; que tenhamos a coragem de ir às ruas e às ave-

---

1. "Por que, no mundo, tão amiúde, a influência dos maus sobrepuja a dos bons? 'Por fraqueza destes. Os maus são intrigantes e audaciosos, os bons são tímidos. Quando estes o quiserem, preponderarão'." (KARDEC, Allan. *O livro dos espíritos*. Tradução de Guillon Ribeiro. 1. ed. esp. Rio de Janeiro: FEB, 2005. p. 526, item 932.)

nidas reclamar dos representantes do povo o cumprimento dos deveres para com os cidadãos a quem teoricamente representam. Somente então haverá mudanças reais. Esconder-se em casas de oração, dizendo rezar ou vibrar sem se expor, sem se envolver, é atitude indigna daquele que diz seguir a Cristo, o verdadeiro revolucionário do planeta.

As forças das trevas não podem contra as energias do bem. Jamais! Importa é nos conscientizar disso. Trabalhemos para respeitar a opinião alheia, acima de tudo nos unindo, pois a hora exige muito mais ação e atitude do que inércia e passividade ante promessas vazias e discursos inflamados. É hora de romper a hipnose imposta em larga escala por aqueles que, até agora, deram mostras de desrespeito à nação, às leis e à sociedade brasileira. Calar-se e deixar passar este momento sem se pronunciar é ser conivente com o mal, que se disfarça em pele de ovelha, além de constituir atitude com potencial de agravar ainda mais a crise em andamento.

Precisamos nos envolver, pois quem ama se envolve; quem ama esta terra se revolve em paixão por aquilo em que acredita e pelo futuro que deseja. Médiuns, pastores, padres, o povo de santo, esotéricos, universalistas e todas aquelas lideranças e referências na busca por espiritualidade: que se envolvam, que se misturem ao povo, que se cubram com as vestimentas brancas da paz e saiam do ostracismo, manifestando-se pelo bem, pela família brasileira, pelo povo e pela nação. Devemos nos envolver, mesmo nós, os que habitamos esta outra dimensão da vida; não fiquemos calados ou de braços cruzados diante da onda de pessimismo, de conspurcação e corrupção, perante a vaga de corruptores e de pusilânimes que se vendem para continuar dominando sob o signo do mal. Ninguém pode reclamar daquilo que permite.

Se realmente move-nos a indignação contra as forças destruidoras das trevas, que fizeram súditos e representantes entre quem, um dia, foi alvo de confiança, está na hora de elevar a voz para erguer os ânimos dos filhos da Terra, para exortar e estimular. Mesmo daqui, continuamos amando aqueles que ficaram do outro lado do rio da vida. Sendo assim, não nos calaremos, mesmo que os pretensos donos da verdade espiritual reprovem nossa atitude, defendendo, em última análise, que a postura adequada seria a omissão, nesta hora de graves consequências para o povo, as instituições do bem e o destino de toda a nação. Não se intimidem com os comentários de censura e repreensão, pois os que assim agem, sem o saberem, sofrem processo de hipnose dos sentidos, em franco estágio de fascinação.

Jesus proclamou os princípios do Reino, da política divina, ao proferir o Sermão da Montanha. Em seus atos, demonstrou preocupar-se com os destinos da sociedade, envolveu-se com o povo, e sua trajetória sintetiza uma proposta de vida que revolucionou o mundo depois dele. Não podemos nos calar, impassíveis, diante da necessidade do povo! Não estamos mortos, mas vivos na imensidade, interessados no progresso da nação e do planeta, bem como na felicidade de toda a gente. Que a família brasileira se congregue em torno da superação das barreiras da discórdia e do repúdio às atitudes irresponsáveis, levianas e criminosas patrocinadas pelas forças das trevas; que se una na construção de um mundo melhor, de uma nação mais robusta, regida por ideais nobres, que sempre foram o esteio do país. Urge fazer do Brasil a grande nação a qual o país foi destinado a se tornar.

Abençoada gente brasileira, que deveria se orgulhar de saber fazer samba com as próprias dores e os desafios, que enfrenta as lutas com o som do pandeiro e a cantiga do povo a embalar as noites, não raro com a musicalidade festiva do povo a bailar. Abençoado país que sabe conviver com os opostos — apesar dos que intentam estabelecer o contrário — e é capaz de unir povos e credos como nenhum outro, empregando a voz do sentimento, a qual se sobrepõe às diferenças de variada ordem.

Uma nação de dimensões continentais, mas que sabe unir pela palavra, pela cultura e pela fraternidade todos os sotaques, todos os trejeitos de povos diferentes, que fizeram e fazem desta terra o recanto abençoado de suas peregrinações. É uma terra tão bendita que oferta a todos os povos que para aqui vêm, a cada um, o clima propício para se desenvolver, para conviver e transformar desafios em canção, em poesia, em sementes de evolução.

Abençoado recanto onde se reuniram seres especiais, como Irmã Dulce, Padre Damião, Chico Xavier e tantos outros, anônimos ou não; onde canta o coração da fé de tantas crianças, que esperam de vocês a união e o apoio para prosseguir crescendo e levando esta terra em seu coração e em suas almas.

Por tudo isso e muito mais, cultivemos o otimismo, mesmo diante dos ventos que fazem bailar os salgueiros, que ameaçam tanto a casa pequenina sobre a rocha quanto a mansão ou a cobertura às margens do mar do Leblon ou de Copacabana. Observando o Redentor lá no alto daquele monte, de braços abertos, abençoando não somente a cidade, como também o país, descruzemos nossos braços e trabalhemos um pouco mais, pois, após a tempestade e o vendaval, surgem a bonança e a calmaria, de modo que os brasileiros, o povo da terra do Cruzeiro do Sul, possam se refazer, construir seu futuro sobre bases mais sólidas e legítimas de verdadeira fraternidade.

ROBSON PINHEIRO
pelo espírito José do Patrocínio
(Versão final em junho de 2016.)

"Vi subir do mar uma besta que tinha sete cabeças e dez chifres, e sobre os seus chifres dez diademas, e sobre as suas cabeças um nome de blasfêmia."

APOCALIPSE 13:1

"A besta que viste foi e já não é, e há de subir do abismo, e irá à perdição; e os que habitam na terra (cujos nomes não estão escritos no livro da vida, desde a fundação do mundo) se admirarão, vendo a besta que era e já não é, ainda que é."

APOCALIPSE 17:8

os filhos da besta_

Capítulo 1

enha, Ângelo! — falou Pai João, convidando-me a voltar a um antigo local onde eu estivera antes com a equipe dos guardiões. — Ranieri nos aguarda, pois quer que veja algo que pode lançar luz sobre diversos acontecimentos. Porém, não iremos somente os três. Lower, o escritor que também faz parte da equipe, nos acompanhará, assim como Júlio Verne e dois guardiões.

"Parece algo muito sério" — pensei, contudo, sem me pronunciar.

— O que veremos talvez ajude você e seus leitores a esclarecerem fatos pretéritos e até mesmo futuros, tendo em vista o que se passa atualmente no mundo, além de elucidar determinados aspectos relacionados à forma como você escreve os livros.

— Por que Lower vai conosco? Ele não está justamente em meio a uma imersão nos assuntos de espiritualidade, buscando entender os lances que lhe ocorreram?

— Exatamente por isso, Ângelo. Tal é a razão pela qual ele precisa revisitar certas memórias que o atormentam desde muito tempo, tanto quanto a alguns outros escritores e médiuns.

Encontramos Ranieri junto com Verne num dos meus locais prediletos na cidade de Aruanda.[1] Era um dos parques mais belos que já havia visto, repleto de flores e árvores de diversas cores e espécies, algumas das quais já extintas na Terra. Artistas caminhavam por ali, conversando sobre seus projetos para a próxima encarnação; grupos de espíritos bailavam sobre o local, deslizando sobre a atmosfera sutil da metrópole espiritual. O ar se mostrava deveras rarefeito, embora respirássemos sem dificuldade. Logo apareceu Lower, acompanhado dos dois guardiões citados. Em seguida, tomamos lugar numa nave pequena, envolta em potentes campos de força. Era o suficiente para nos conduzir em segurança até as regiões inóspitas que visitaríamos. Cumprimentei Lower e, enquanto conversávamos amenidades sobre o trabalho que eu desenvolvia com os encarnados, ele explicava:

— Durante muito tempo de minha vida, como você sabe, Ângelo, tive pesadelos intensos e recorrentes.

— Sim! Foi esse um dos motivos por que você me

---

1. Cf. PINHEIRO, Robson. Pelo espírito Ângelo Inácio. *Cidade dos espíritos*. Contagem: Casa dos Espíritos, 2013. p. 50-129. (Os filhos da luz, v. 1.)

pediu, no passado, para participar da equipe de mais de 140 escritores, quase todos desencarnados, da qual faz parte hoje. Tanto os outros como você me escolheram como uma espécie de porta-voz e editor da turma.

— Isso mesmo. Porém, recentemente, pedi aos administradores da metrópole onde vivo para regressar ao ambiente que tanto me perseguiu ao longo dos anos, a respeito do qual me expressei em um dos meus contos. Foi a maneira como encontrei para me livrar das impressões de sonhos e pesadelos, tal como fizeram nossos amigos Vale Owen, W. Voltz e outros mais.[2] Comigo, no entanto, o incômodo persiste, portanto, eu queria muito revisitar o lugar. É como se houvesse algo relacionado àquelas memórias e imagens, algo indecifrável, que não consigo elaborar. Durante anos evitei retornar ao local, pois temo que as lembranças estejam deturpadas pela minha interpretação. Então soube que outros espí-

2. O autor espiritual explica pormenores sobre o processo de criação e a associação entre os escritores citados e outros mais em obra anterior. Cf. PINHEIRO, Robson. Pelo espírito Ângelo Inácio. *A marca da besta*. Contagem: Casa dos Espíritos, 2010. p. 30-61. (O reino das sombras, v. 3.)

ritos, alguns escritores, têm visitado o tal ambiente por causa da mesma inquietação. Não sei se, no meu caso, o desconforto é ainda maior, mas...

— E quanto aos orientadores desencarnados? Eles não lhe deram nenhuma dica a respeito, quem sabe sobre o significado dessas imagens e paisagens? Hoje sei que não são fantasias suas, pois Pai João e eu estivemos lá, juntamente com Ranieri e a equipe de Jamar.[3]

— Claro! Eu mesmo dei as coordenadas a Júlio Verne e a um dos guardiões a fim de facilitar a localização da caverna. De todo modo, a única orientação que recebi foi procurar o pessoal aqui, de Aruanda, e verificar a possibilidade de voltar ao local, junto com o velho João Cobú, caso possa me auxiliar. Precisava contar com sua ajuda também, pois você mergulhou mais fundo nas questões relativas à espiritualidade e sabe bem como esse assunto sempre me soou difícil e incompreensível. Talvez seja realmente a hora de rever locais aonde fui, segundo vocês dizem, em desdobramento e que, mais tarde, retratei em meus escritos.

---

3. Cf. PINHEIRO, Robson. Pelo espírito Ângelo Inácio. *Legião*. 11. ed. rev. Contagem: Casa dos Espíritos, 2011. p. 453-459. (O reino das sombras, v. 1.)

— Que, aliás, são muito tensos e intensos, não é verdade?

— Em demasia, na verdade, Ângelo. Foi esse um dos motivos que me levaram a me juntar ao grupo de escritores e pedir para que você, na medida do possível, revisitasse os temas abordados por mim e desse a visão espiritual, portanto, mais real dos acontecimentos, retirando o acréscimo fruto da minha interpretação, muito dramática e recheada de figuras de linguagem que descambaram para o horror.

— Sabe o que concluí, Lower? Nenhum texto ficcional, seja romance, conto, novela ou outro gênero que se conceba, está de todo apartado de certas verdades. Creio sinceramente que você foi um médium; aliás, é um médium ainda deste lado da vida. Visitou, por meio de sonhos e do desdobramento, a realidade tal qual ela é. No entanto, como era um médium sem conhecimento de espiritualidade e nenhuma noção de espiritualismo, acabou dando sua própria interpretação aos fatos observados fora do corpo, sem qualquer pretensão além da ficção. Enfim, é um processo mais ou menos comum a toda criação artística.

"Quanto à nossa excursão, faremos o possível

para lhe ajudar, até porque eu mesmo tenho muito a aprender com essas experiências. Pai João me convidou para revisitar determinado local, e agora sei do que se trata após conversar com você. O tempo que passei naquele ambiente, de fato, foi curto. Contudo, fico a imaginar o que o velho quer que eu entenda. De todo modo, as indicações que você nos deu foram essenciais para desvendarmos os mistérios envolvendo os donos do poder nas regiões sombrias do submundo. Sem sua contribuição, talvez restasse uma grande lacuna na história dos *daimons*."

Lower se acomodou, pensativo, num dos assentos da nave dos guardiões, enquanto Pai João olhava para mim, dando a entender que eu devia deixar nosso amigo acordar naturalmente para a realidade dos fatos. A experiência noturna vivida por ele no passado foi análoga à de outros escritores e alguns médiuns: mesmo local, mesmo contexto, ainda que em épocas diferentes. De qualquer modo, cada qual deve despertar para o contexto espiritual de tudo que o envolve no momento apropriado. Até mesmo eu ignorava que aquela nova visita aos lugares onde havíamos vivenciado certas histórias estaria associada a questões tão nevrálgicas e dramáticas no cenário internacional contemporâneo, notadamente no Brasil. À altura da partida, Pai João provavelmente já sabia muito mais do que deixava transparecer.

Enquanto deslizávamos pela atmosfera psíquica do planeta, adentrando domínios sombrios sob a tutela dos guardiões, Ranieri[4] falou, ao passo que Verne permanecia em silêncio absoluto, como era do feitio dele.

— Como bem sabe, Ângelo, a maior parte de minha produção mediúnica foi realizada por meio do desdobramento, faculdade que Kardec chamou de sonambulismo.[5] Visitava lugares e presenciava ce-

---

4. Nascido em Belo Horizonte, MG, o médium Rafael A. Ranieri (1919–1989) participou ativamente do movimento espírita local, inclusive convivendo com Chico Xavier, que até 1959 residia em Pedro Leopoldo, a apenas 30km da capital mineira. Após curta permanência no Rio de Janeiro, a partir de 1950 Ranieri radicou-se no Vale do Paraíba. Foi delegado da Polícia Civil, profissão na qual se aposentou, tendo chegado a se eleger prefeito de Guaratinguetá (1969–1972) e deputado estadual por São Paulo, em 1974.

5. Cf. "Emancipação da alma". In: KARDEC, Allan. *O livro dos espíritos*. Tradução de Evandro Noleto Bezerra. 2. ed. Rio de Janeiro: FEB, 2011. p. 293-322, itens 400-455.

nas na dimensão extrafísica, sob a condução de Verne, e, de volta à vigília, relatava as experiências em forma de texto. O que distingue dos seus escritos atuais, Ângelo, os livros produzidos por intermédio de minhas habilidades psíquicas são as figuras de linguagem que empreguei. Na minha época de encarnado, deparava com bastante rigidez mental do movimento espírita, que, de tão ortodoxo, incitou Verne a me recomendar tal estratégia. Depois de conversar longamente com Chico sobre minhas experiências fora do corpo, ele também me aconselhou a adotar a linguagem figurada, pois avaliávamos que, na ocasião, o leitor espírita médio ainda não estava maduro o suficiente para encontrar descrições objetivas da realidade.

— De certa forma, Ranieri, você preparou o caminho para que, décadas mais tarde, eu pudesse escrever sobre os mesmos fatos com uma linguagem mais direta. Também devem ser consideradas as características distintas dos médiuns dos quais Verne e eu nos utilizamos. Um deles, você, estava muito comprometido com o movimento espírita, cujas convenções lhe cerceavam bastante. Tendo em vista a falta de abertura mental à época, a opção pela linguagem simbólica parece-me, sinceramente, ter sido a mais apropriada. No meu caso, escrevo em parceria com alguém que conseguiu romper com certo igrejismo vigente e que não se interessa por transitar no movimento ortodoxo, embora atue no âmbito do espiritismo, isto é, da filosofia espírita. Isso me favorece tremendamente, pois assim posso me exprimir de modo mais livre, sem me preocupar com o que poderiam dizer, pensar ou divulgar no meio espiritista.

— Sim, hoje noto isso com clareza. Ainda bem que podemos nos unir, tanto médiuns desencarnados e alguns encarnados como diversos escritores deste nosso mundo, para falar, sem rodeios, aos que se encontram na carne. Verne, pelo que sei, está estreando na psicografia também.

Olhei cismado para o antigo autor francês, acomodado a alguns metros de mim e de Ranieri, na expectativa de que ele desse algum sinal de vida, mas nada. Permanecia mergulhado em pensamentos e parecia mesmo alheio a nós. Talvez estivesse conversando, por via telepática, com o velho João Cobú; talvez... Quem sabe apenas não quisesse se envolver.

— Não se preocupe, meu caro — falou Ranieri. —

Verne é assim mesmo, de poucas palavras e dado a meditações profundas.

— E por acaso não sei?!

Aproximamo-nos da região extrafísica que era nosso destino. Pai João sabia muito bem o que deveríamos observar. Os dois guardiões, Dimitri e Antero, permaneciam calados, sobretudo porque estavam em contato ininterrupto com a equipe que ficara a cargo de vigiar o ambiente para o qual nos dirigíamos.

Desde nossa primeira visita, quando Lower nos informara acerca da localização da caverna ou do espaço dimensional onde se ocultava um dos senhores do abismo, Jamar destacara uma equipe de guardiões, em caráter permanente, incumbindo-a de montar equipamentos a fim de monitorar os estranhos fenômenos que ocorriam naquele lugar. Porém, eles não tinham resposta para tudo, muito pelo contrário. Faltava-lhes entender quais energias e equipamentos sustentavam aquele local, pois, com certeza, já há milênios era utilizado por um dos mais altos na hierarquia das sombras. No entanto, embora estivesse sob vigilância desde então, a área não era cercada, tampouco havia impedimento para que espíritos ali se apresentassem, desencarnados ou não. Tanto assim que, mesmo após ali comparecermos e desbaratarmos certos mistérios envolvendo o número 1 dos dragões, continuavam indo parar ali diversos médiuns, que acabavam por descrever o local de maneira análoga à forma como fizeram Lower e os que o precederam.

Era uma região inóspita. À medida que nos aproximávamos, cenas e imagens ligadas àquele local começavam a ser percebidas por todos nós. Havia algo ali que precisava ser desvendado oportunamente. Entretanto, aquele não era o momento adequado. Precisávamos descobrir outra coisa.

Ao desembarcarmos da pequena nave dos guardiões, percebemos que havia um contingente de mais de cinquenta entidades de prontidão no local, portando diversos armamentos elétricos e de pulsos magnéticos. Porém, não tivemos muito tempo para observar os detalhes envolvendo aquela guarnição nem os artefatos montados por eles para estudar o local. Como se uma força poderosa agisse sobre nossos corpos espirituais, fomos imediatamente conduzidos para dentro da caverna, como se esta fosse uma espécie de apêndice energético, uma bo-

lha dentro do espaço-tempo. Para minha surpresa —
mas não de Pai João nem de Ranieri ou Verne —, ali
estava a diabólica entidade novamente.

— Mas... — balbuciou Lower, enquanto eu me
achava completamente incrédulo diante do que via.

— Como pode a entidade estar aqui, neste ambiente — indaguei —, passado tanto tempo desde que o visitamos, se os maiorais foram destituídos do poder,
isto é, não gozam mais do prestígio e da influência
de outrora? Todos sabemos que estão em prisões
eternas nas regiões do abismo, aguardando o último
juízo para que sejam expatriados. Não entendo...

Lower parecia entrar num estado mental incomum ao rever as cenas que o incomodaram durante
anos, mesmo depois de tudo que escrevera a respeito. Pai João o acolheu, colocando o braço direito sobre seu ombro, acalmando-o.

A entidade parecia imponente como sempre. O
ambiente, como outrora, apresentava a atmosfera
carregada de partículas eletromagnéticas incomuns.
Acima de nós, não conseguia divisar o céu. Não sei
se havia um céu naquela dimensão sombria. Havia
alguma coisa leitosa no teto, como se não fosse o teto
de uma caverna. Talvez por isso eu soubesse que a

tal caverna, na realidade, era uma bolha energética incrustada em algum espaço dimensional.

Era apenas um céu diferente aquilo que víamos? A substância leitosa parecia ter vida própria, pois se mexia constantemente, movimentava-se, como se fossem nuvens inflando e se esvaziando, feitas de um material estranho a tudo o que era conhecido pelos homens da Terra. Depois de algum tempo lidando com esse tipo de ambiente, com a realidade de dimensões diferentes, eu ainda me impressionava.

Olhei atentamente e notei que Lower estava com as emoções à flor da pele. Não era para menos: como da primeira vez em que ali estive, o lugar permanecia deveras assustador. O amigo escritor, no entanto, vivia uma verdadeira catarse, como se eclodissem todas as sensações que sentira, de modo mais ou menos consciente, em seus pesadelos e tormentos recorrentes.

Eis que deparávamos com ele outra vez. Um ser ou um demônio, no verdadeiro sentido da palavra. Agora, porém, eu sabia se tratar de um ser advindo das estrelas, o que, na época do primeiro contato, eu não suspeitava por mim mesmo. Alto, mas de uma palidez que eu nunca vira em ninguém. Esbanjava elegância, diferentemente da ideia que se faz de um demônio. De olhos vivos, trazia cabelos cor de fogo, que desciam como cobras em torno do corpo esguio, até abaixo dos joelhos, e denotavam vida própria. Os cabelos apresentavam alguma mudança, mas somente depois eu pude perceber a realidade do que ocorrera ao longo de tanto tempo desde que estivéramos ali juntamente com os guardiões. Algo se transformara radicalmente.

Uma bata cor de cobre envolvia aquele ser, que trazia na consciência, repercutindo, o grito de milhões e milhões de seres assassinados, tanto por ele quanto em decorrência de seus atos e decisões nos mundos por onde passara. Era um processo obsessivo em escala e magnitude sem precedentes que vivia a entidade maléfica, algo de proporções planetárias. Um manto roxo, ainda mais estranho, pendia ao longo do corpo, envolvendo toda a bata. Mas nada naquela indumentária tinha grande significado, pois vez ou outra tudo se modificava, as cores e também as formas, embora a compleição longilínea do ser se mantivesse inalterada.

Aparentava ser um homem, porém de altura bem maior que o normal para os padrões humanos, e apenas sua postura depunha contra o aspecto, de resto, sóbrio e elegante. Caminhava lenta, quase penosamente, mirando-nos, de quando em vez, conquanto, ao mesmo tempo, tivesse o olhar muito distante, como se estivesse fora daquele ambiente. Noutro momento, a entidade estranha olhava para os lados, como se estudasse cada gesto, cada movimento seu antes mesmo de fazê-lo.

Pai João amparou Lower em seus braços, pois este ameaçava desmaiar. Verne aproximou-se, ainda silencioso por demais, observando a estranha aparição como se não fosse percebido por ela. Com efeito, havia algo muito estranho ali, bem diferente da primeira vez em que visitamos o local. Mas não saberia dizer o quê.

Sentimos todos uma força descomunal, única, a irradiar daquela figura; era algo como nunca havia sentido de ninguém.

De repente, adentraram o ambiente, ignorando-nos, dois outros seres que reverenciaram o primeiro. Mas ainda não foi isso o que me causou maior espanto. O primeiro ser, esguio, chegou próximo a algo que se assemelhava a um rio de fogo — o mesmo líquido viscoso que eu vira anteriormente e que

Lower descrevera para nós, que obedecia a certa correnteza —, de dentro do qual eu ouvi saírem gemidos, prantos, xingamentos e outros sons incompreensíveis para mim.

Lower despertava do aparente desmaio e exclamou, quase se engasgando:

— A mesma visão que tive por anos a fio, da qual pensei haver me livrado! Os gemidos, os gritos de dor...

Pai João o amparou e disse-lhe:

— Calma, meu filho, calma. Vamos o socorrer!

Foi neste momento que Verne finalmente resolveu se manifestar:

— Nada disso aqui é real; tranquilizem-se.

Espantei-me efetivamente com a fala de Júlio Verne. Ele continuou:

— Estamos diante de uma projeção mental. A imagem do dragão e as demais cenas ficaram impregnadas na matéria escura da qual é feita essa bolha energética que todos percebem como sendo uma caverna.

"O que aparenta ser um rio de lavas é, na realidade, um composto orgânico que o ser utilizava para manter a própria forma, com a qual se apresentava perante aqueles com quem lidava, ainda que esta seja similar à da visão que Ranieri teve quando o trouxe por essas paragens..."

Os cabelos da estranha entidade pareciam ter vida própria, como da outra vez em que observei o mesmo cenário. Determinada música reverberava no ar; engolfava o ambiente em tempo integral, penetrando inevitavelmente em mim. Logo entendi por que, tanto para Lower quanto para alguns médiuns e escritores que ali estiveram, em processo de desdobramento, tudo remetia a uma espécie de inferno.

Verne prosseguiu, depois de receber um olhar significativo de Pai João, que permanecia amparando Lower:

— Vejam agora o que acontecerá — falou ele, olhando para mim, especialmente.

O ser estranho, de mundos distantes, começou a metamorfosear-se. Os cabelos diferentes, dotados de vida própria, converteram-se em tentáculos; o corpo contorceu-se por inteiro, até assumir o aspecto de um dragão, tal como descrito em filmes fantásticos e contos místicos.

Ranieri falou, impressionado:

— Foi o que eu vi, a mesma figura que descrevi em meus livros!

— Também conhecida como a besta do Apocalipse — acrescentou Verne.

— Exatamente... Figura já bastante conhecida de muitos escritores, é ícone do livro profético de João Evangelista.

— Reparem no que acontecerá com o que antes pareciam ser os cabelos da criatura — tornou Verne.

O dragão — agora, sim, o estranho ser manifestava-se plenamente como um dragão — exibia o couro cor de cobre e, em vez de cabelos, alguns tentáculos lhe saíam da cabeça, num quadro a um só tempo bizarro e sombrio.

— Observem as pontas dos tentáculos, observem... — indicou novamente o renomado ficcionista francês. Todos pusemo-nos a mirá-las. Havia cabeças, de proporção diminuta, todas com olhos, boca e dentes afiados, cujas feições igualmente se metamorfoseavam, adquirindo constantemente nova aparência. A criatura parecia ter inúmeras formas de se apresentar.

— Essa é uma figura comum a muitos escritos proféticos.

Enquanto Verne discorria, o dragão modificou-se

outra vez e voltou a assumir o feitio da entidade esguia, porém, agora como uma medusa, com os tentáculos mexendo-se a partir de sua cabeça, em lugar das mechas que avistáramos antes. Tudo soava soturno, sombrio e sem sentido naquele momento; até Pai João tomar a palavra e dizer:

— Você, Ângelo, bem como Ranieri, Lower e outros escritores e médiuns, teve acesso a esta dimensão. Mas, como a verdade é feita à luz da aurora, ela vai brilhando pouco a pouco, até ser dia perfeito.[6] Assim, é chegada a hora de você saber o significado da visão, e você, Lower, dos sonhos que teve. Notem as cabeças, seja da medusa, seja da entidade, seja do dragão. Todas as figuras representam a mesma realidade.

Fixamos as diversas cabeças pequenas e constatamos que proferiam palavrões, ignomínias e maldições; diziam coisas horrendas, cada uma por si, em contenda com as demais. Os tentáculos assustavam até mesmo os dois seres que haviam se achegado à estranha entidade.

— Cada cabeça dessas representa uma corrente política patrocinada pelo dragão no mundo. As

6. Cf. Pv 4:18.

imagens que veem — falava o velho João Cobú — são apenas um reflexo do que estava na mente do daimon desde a época em que ele concebeu este lugar, com a tecnologia e a técnica que já detinha. Quando vocês vieram aqui, todos numa ocasião diferente, cada qual percebeu tão somente o que estava apto a perceber.

"Como dizia, essas cabeças simbolizam, meus filhos, diversas ideologias políticas vigentes ainda hoje, após metamorfoses mil, por meio das quais o projeto dos *daimons* permanece vivo na atualidade. Cada cabeça sintetiza uma forma de governo, uma ideologia programada ou patrocinada diretamente pelas forças das trevas a fim de perpetuar o projeto de poder criminoso dos dragões mesmo depois que eles fossem sepultados magneticamente nas correntes eternas, para onde foram degredados.

"Representam, nesse contexto, o comunismo, o socialismo, o fascismo, o nazismo, o chavismo, o lulopetismo, o populismo, os extremismos à direita e à esquerda do espectro político; enfim, correspondem aos diversos meios de totalitarismo, de castração da liberdade, de exploração de todos os matizes, bem como de aviltamento moral e de corrupção em andamento no mundo. Todos esses fenômenos obedecem a uma programação feita pelos *daimons*, que, ao longo de anos, de séculos e milênios, instigaram uma pauta que visa embaralhar a mente dos que trabalham pelo progresso do mundo, a fim de impedir que o planeta Terra avance à nova fase de seu projeto espiritual. Os tentáculos são, na verdade, os filhos da besta, a semente do mal disfarçada de regimes de governo e de meios de governar; são o programa milenar dos dragões em plena ação no mundo, cada qual com uma máscara, um nome diferente, mas tendo na cabeça do dragão a origem comum."

— Ou seja... — aventurei-me na tentativa de falar.

Entretanto, continuou Pai João:

— Todas essas facções, as quais disputam atualmente o poder no mundo, são subproduto do planejamento estratégico dos maiorais, que é administrado pelos chefes de legião, os espectros. Nas cenas que vimos, são representados pelas duas figuras que se achegaram ao *daimon*. Apenas mudam de nome, e, assim como o dragão ou maioral modifica sua aparência em conformidade com seus planos, esses projetos políticos de poder, até mesmo os que se mostram rivais entre si, tão somente se transformam, modificam-se, fundem-se. À primeira vista, são opositores, mas, quando se veem em perigo, o sangue da besta e do dragão, que corre em suas veias, faz com que se unam e se fundam até. Aos olhos dos mortais, arrefecem as intrigas, mesclam-se as ideologias e os partidos se reconfiguram. Mas tudo, tudo serve ao teatro perpetrado pelos maiorais.

— Dessa forma — completou Júlio Verne —, viemos aqui para lhes esclarecer, pois foram todos avisados, em épocas diferentes, a respeito das mesmas coisas, das mesmas verdades. Além disso, podemos deduzir que, em regra, não há nenhuma ideologia política que mereça muito crédito. Em maior ou menor grau, todas as correntes estão contaminadas pelo mesmo sangue, têm o mesmo DNA de concupiscência, a qual está entranhada em todo lugar. Com efeito, há muitos homens de bem que tombam e se deixam levar por visões políticas e de mundo que têm nos *daimons* sua gênese.

— É como diz o famoso texto bíblico, meus filhos: "Porque surgirão falsos cristos e falsos profetas, e farão tão grandes sinais e prodígios que, se possível fora, enganariam até os escolhidos"[7] — citou Pai João.

Desta vez fui eu que me senti abalado, profundamente abalado. Lower me abraçou; recobrava a lucidez após tanto tempo incomodado com as imagens que vira durante anos a fio, no corpo e fora dele.

Depois da visão do ser estranho e das explicações dadas por João Cobú e Verne, voltamos a observar o entorno, agora sob outra perspectiva.

O ser muito esguio, de braços longos, também elegantes, mas não tão magros, lavava seu rosto no caudaloso rio de fogo, enquanto o líquido escorria pelas suas mãos. Imunizava-se, ao que tudo indicava, no intuito de evitar a perda da forma astral, a regressão da feição até certo ponto humana, tal como acontecera com colegas e partidários do sistema de poder que representava. Enfim, eu o via como verdadeiramente era: uma espécie de demônio escondido na aparência de um ser humano, embora diferente dos seres humanos da Terra.

Pude notar quando aqueles dois seres que entraram no ambiente em determinado momento voltaram-se para nós. Percebi, então, que não estavam no

---

7. Mt 24:24.

ambiente, mas que aquilo tudo era reflexo das formas mentais, das formas-pensamento do ser do espaço, que ficaram impregnadas no ambiente, na matéria escura da qual tudo ali era composto. Os dentes dos dois espectros eram pontiagudos, e sua face exibia uma crueldade desmedida, diferentemente do ser esguio, que chamei de demônio extraterrestre. Senti que eles também não eram terráqueos, mas isso pouco importa, já que estão circunscritos ao nosso planeta até que recebam o decreto do Alto, por ordem de Miguel, para que sejam expatriados.

Tão logo assim pensei, a entidade esboçou um sorriso irônico em minha direção. Concluí que, ao se envolverem com questões de ordem política, defendendo que lado for, os homens penetram questões de ordem espiritual de seriíssimas implicações. Uma vez que estamos todos numa guerra espiritual de grandes proporções, é essencial não perdermos de vista que o lado onde militamos não é o da política partidária de nenhum homem, mas é o lado de Cristo, o representante da política divina do "amai-vos uns aos outros".[8]

---

8. Jo 13:34-35; 1Pe 1:22 etc.

Afinal de contas, soube naquele instante o que deveria fazer: era imperativo retomar as obras que abordavam as relações entre política — a política dos dois lados da vida — e realidade espiritual, que por tudo perpassa e em tudo subsiste.

E, quanto aos dez chifres, daquele mesmo reino se levantarão dez reis; e depois deles se levantará outro, o qual será diferente dos primeiros, e abaterá a três reis.

DANIEL 7:24

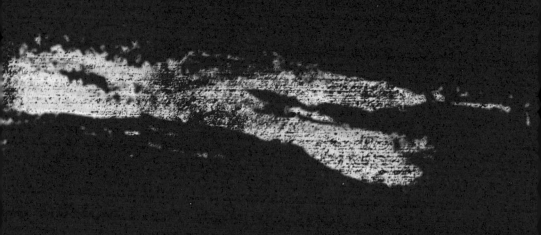

"Todo reino dividido contra si mesmo será arruinado, e toda cidade ou casa dividida contra si mesma não subsistirá. Se Satanás expulsa Satanás, está dividido contra si mesmo. Como, então, subsistirá seu reino?"

Mateus 12:25-26

a Horda_

Capítulo 2

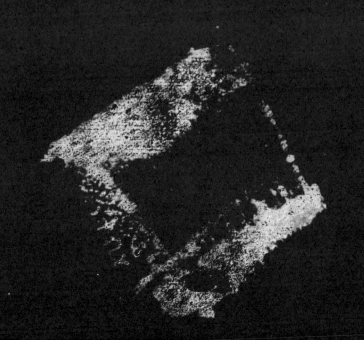

Tudo parecia convergir para aquela cidade. Poderia muito bem ser São Paulo, Rio de Janeiro ou alguma capital do Nordeste. Mas não! Era um lugar ainda mais especial. Chegara até a ser profetizado por Dom Bosco, segundo reza a tradição. O sacerdote italiano teria visto, no século XIX, um anjo apontar a região como centro de muita riqueza, como a "terra prometida" na nova pátria. Ao redor, havia outros redutos chamados cidades-satélite, importantes no contexto em que foram criados e cuja vida girava em torno da capital federal. De uma delas, dava para ver os acontecimentos ao longe. Na verdade, mesmo de outros estados notava-se que algo incomum se passava na esfera extrafísica de Brasília.

Um burburinho de gente, de pessoas que disputavam o poder, parecia se avolumar cada vez mais na cidade, na dimensão humana, física, arena onde as batalhas eram travadas, conforme costumavam julgar observadores igualmente humanos. Grande parte deles nem suspeitava de que aqueles indivíduos eram apenas médiuns, marionetes de outros seres sombrios, os quais digladiavam pelo poder não somente no Brasil, mas em regiões mais abrangentes, visando ao futuro próximo, quando pretendiam alastrar seu regime nefasto para muito além do continente. Aliás, só não o dominavam por completo no momento, tal como outros quadrantes do globo, porque ruíra todo o sistema de poder absolutista dos soberanos das sombras nas regiões espirituais da maldade.[1] Entre os homens, os encarnados, havia aqueles que resistiam, os representantes do Cordeiro, com destaque para aqueles que nem de longe imaginavam ser seus agentes, pois que não eram religiosos — aliás, a maioria destes não admitia como fato concreto a batalha espiritual que estava em pleno curso nos bastidores da vida.

Após os episódios nos quais a intervenção dos guardiões fora necessária, a fim de restabelecer o equilíbrio da balança de poder, novos acontecimentos vinham à tona.

— Este é o melhor momento vivido pela nação, meu caro Watab — declarou Jamar, observando nas cercanias o movimento que ia em direção a Brasília.

— Por certo nossos representantes no mundo dos encarnados não estão tão otimistas quanto você, amigo.

---

1. Cf. "Os *daimons*". In: PINHEIRO. *A marca da besta*. Op. cit. p. 510-616.

— Não mesmo. Mas você há de concordar que este país atravessa um momento muito peculiar e, ao mesmo tempo, muito promissor. Jamais se soube tanto a respeito da estrutura de poder sustentada pela corrupção. Na verdade, aos olhos das pessoas que nunca haviam se envolvido nas questões políticas do país, é como se todo este movimento de combate aos corruptos — e, no caso mais grave, aos que usam a corrupção como trampolim para atingir fins bem mais pertinazes — tivesse se iniciado apenas há alguns poucos anos. Mas sabemos que não. O que veem agora é o desfecho de uma história que, há bastante tempo, vem sendo encenada nos bastidores da vida política nacional e que finalmente emerge das sombras onde se ocultava. Neste momento, vêm à tona toda a lama e a sujeira escondidas por anos a fio. Por isso mesmo, meu amigo, é que digo que esta é uma das ocasiões mais promissoras da história do Brasil.

"Considere que, até então, quase nada se conhecia a respeito de toda essa rede de corrupção, intriga, compra de apoio e votos, propina institucionalizada e crime organizado. Já não é mais assim. Tudo há de vir a lume; toda a podridão será desmascarada. Tal fato é um progresso que não se pode desprezar, pois, em passado recente, havia podridão similar, porém mascarada. Na altura, a população elegia seus representantes sem saber realmente quem eram e o que faziam às escondidas. Ao menos agora, Watab, caso continuem escolhendo indivíduos corrompidos e francamente comprometidos com interesses espúrios será porque endossam semelhante atitude e, assim, tornam-se cúmplices; não podem mais alegar inocência ou ignorância, tampouco se queixar de terem sido enganados."

— Ou seja, Jamar, vivemos uma época em que cada um é compelido a tomar conhecimento do que está em curso e a decidir, conscientemente, a quem dará seu aval.

— Isso não quer dizer que as coisas tendem a melhorar, por ora, tendo em vista o que se vê nos porões da política e nos bastidores da vida. Entretanto, no mundo inteiro situações semelhantes são enfrentadas e têm sido processadas. Vem à superfície tudo aquilo que antes permanecia escondido. É a limpeza, a faxina que está em pleno andamento na casa planetária. Daqui a pouco, a poeira abaixa, e enfim veremos quem é quem — inclusive quem nunca mais retornará ao palco das lutas neste orbe.

— Reurbanização, juízo e limpeza da estrutura extrafísica do planeta.

— É claro... — ponderou Jamar, um tanto quanto pensativo. — Bastante preocupante é o fato de que muitos que se dizem do bem ainda não acordaram para a condição em que se encontram: a de plena guerra espiritual, e não em meio a um romance ou a um drama no palco do mundo. Nos bastidores da vida, forças espirituais se posicionam e se entrincheiram. Isso é grave, meu caro, pois que a maioria dos religiosos e dos apologistas do Evangelho se limita a pensar de forma estanque, convencida de que as questões que mobilizam os noticiários e a sociedade se restringem à esfera política, esquecendo-se do célebre pensamento de um ilustre espírito que, a certa altura, assevera aos homens: "frequentemente são eles [os espíritos] que vos dirigem".[2]

Era um fim de semana, um domingo, e talvez ninguém no mundo dos encarnados tivesse visto os acontecimentos. Também era possível que poucos esperassem que algo diferente ocorresse, pois mui-

2. KARDEC. *O livro dos espíritos*. Op. cit. p. 325, item 459.

ta gente acreditava que, uma vez afastados Ella e seus representantes mais próximos do governo, as coisas melhorariam instantaneamente. Ledo engano. A raiz da maldade e da concupiscência se alastrara nas mais variadas direções. Uma das cabeças da hidra de Lerna[3] fora abatida, mas novas surgiam, e seus tentáculos haviam se espalhado de tal maneira que dificilmente restava quem não tivesse sido tocado. Luta árdua, longa e intensa devia ser travada antes que as coisas voltassem à aparente normalidade.

O movimento estranho vinha de longe. Podia-se notá-lo desde a torre mais alta ou, quem sabe, desde a catedral mais conhecida e famosa de Brasília. Havia um alvoroço, um rebuliço que produzia um som confuso, talvez fruto de uma algaravia que, se os humanos mortais tivessem ouvido, jamais compreenderiam. Algo similar ao adejar de morcegos ou de algum animal pré-histórico pôde ser ouvido sem exigir grande atenção. Em meio a tudo, guinchos agudos ao extremo ouviam-se na dimensão extrafí-

3. Cf. PINHEIRO, Robson. Pelo espírito Ângelo Inácio. *A quadrilha*: o Foro de São Paulo. Contagem: Casa dos Espíritos, 2016. p. 182-200. (A política das sombras, v. 2.)

sica da cidade. Mal os embates dos últimos lances no Congresso Nacional terminaram, aproximaram-se outros seres. Quem sabe a qual estirpe pertenciam?

Espíritos comuns e certos mentores de núcleos espiritualistas, bem como guardiões e guardiãs, perceberam com total nitidez o brado sinistro na forma de um som doloroso, lacrimoso, que penetrava o lugar e reverberava nos prédios abaixo. Soava como um estrépito abafado, e os seres do qual provinha escondiam-se ou confundiam-se em meio a brumas trevosas e sombrias de um mundo que, além de bizarro, era inimaginável aos homens da terra de Santa Cruz. Moviam-se aquelas criaturas acima dos prédios; iam e vinham como que em busca de algo, alguém ou determinado grupo de homens. Certo número delas espalhara-se pela região hoteleira, e outras encaminhavam-se, provavelmente, para residências oficiais de representantes do governo. Grupos menores de espíritos, parecendo arruaceiros, partiam em diversas direções à procura de presas até então ignoradas.

Jamar e Watab levantaram-se em meio aos fluidos densos da atmosfera psíquica que pairava sombria sobre o lugar e se atiraram rumo ao bando maior, apenas para deixar claro que os guardiões não abandonaram seus postos e estavam atentos a tudo. Não era uma convocação para o confronto. Quando os primeiros seres avistaram a aura dos guardiões, emitiram um sibilo lamentoso, alguns gritos subumanos que ecoaram na atmosfera astral da cidade. Os sentinelas superiores deram-se as mãos e rodopiaram acima do Planalto Central, com suas espadas chamejantes, deixando propositadamente seu rastro magnético para que fosse notado pelas entidades vis. O burburinho dos seres maléficos irradiou-se por aquelas paragens assim que perceberam os dois agentes do Alto envoltos numa luz iridescente, como se fossem dois cometas gêmeos movendo-se numa coreografia afinada, um ao lado do outro. De repente, era como se houvessem se fundido e se tornado uma bola de luz que flamejava através das dimensões mais próximas, deixando antever-se o rasgo dimensional por meio do qual se vislumbravam as estrelas distantes de um universo paralelo.

Tudo foi percebido pelas entidades que se aproximavam da capital federal em apenas um átimo, alguns segundos somente, pois não conseguiam suportar o rebrilhar da aura dos representantes de

Miguel, que não intentaram esconder ou amortizar-lhe o brilho. Era um sinal que advertia as sombras perversas quanto à presença de uma base daqueles que zelavam pela justiça divina nas imediações. Reafirmavam, assim, às entidades barulhentas, fosse qual fosse a estirpe ou o grau alcançado na hierarquia das trevas, que seus atos não passariam impunes indefinidamente. Movendo-se na velocidade de um raio, a dupla rasgou as fileiras dos artífices da maldade, deixando-os amedrontados. Não obstante, reagruparam-se após perceberem que os emissários da justiça, aparentemente, haviam se retirado.

Brasília viu-se invadida por espíritos maléficos, pois para ali rumaram atraídos pelas vibrações e pela sintonia daqueles que, investidos do poder público ou do mandato popular, chamaram-nos mediante sua disposição mental e emocional, reforçada por atos repreensíveis, quando não inomináveis.

Em paralelo, a capital federal subitamente se encheu de sentinelas, guardiões e recrutas, que respondiam ao chamado de seu comandante. As entidades funestas que invadiam a cidade perceberam que, realmente, não estavam sozinhas. Os guardiões não atacaram em nenhum momento, mas tornaram patente a atenção devotada ao que se passava, muito embora não pudessem interferir de maneira intensa sem que houvesse meios para tal. Como sempre, dependiam da vontade dos homens e de suas deliberações, pois que atuavam em consonância com seu livre-arbítrio.

À primeira vista, os bandos de entidades dispersavam-se pela cidade sem haver um plano muito elaborado. No entanto, era apenas medo da investida dos guardiões. Os líderes sombrios, porém, sobretudo chefes e subchefes, permaneciam a postos, tremendo e xingando, tomados de ira, pois não esperavam que ainda restassem sentinelas de prontidão, uma vez transcorridos os acontecimentos à época do *impeachment*.[4]

As tropas de mercenários reagruparam-se em seguida, tão logo escutaram o som ensurdecedor de um instrumento que lembrava uma trombeta improvisada. Um ser esquálido, uma espécie de demoniozinho que mais parecia um réptil, foi quem primeiro

4. Cf. PINHEIRO, Robson. Pelo espírito Ângelo Inácio. *O partido*: projeto criminoso de poder. Contagem: Casa dos Espíritos, 2016. (A política das sombras, v. 1.)

se mostrou, jogando-se ou sendo jogado à frente dos guardiões, os quais, entendendo a provocação, deixaram-no livre, sem corresponder à afronta pueril. O sujeito, cuja forma espiritual medonha dava mostras de afetar-lhe a capacidade de se locomover sozinho nos fluidos ambientes, cambaleava ou ziguezagueava de um lado para outro, esbarrando-se ora num, ora noutro espírito de sua horda, sendo atiçado de um lado para outro pelos próprios correligionários. Era um infeliz usado pelos comandos da elite das sombras. Um lacaio apenas, e não um ser propriamente do mal. Pernas compridas, desmesuradamente compridas, e braços esqueléticos conferiam-lhe o aspecto de uma espécie de lagartixa alada. Movimentava rapidamente os membros nos fluidos ambientes, como se nadasse ou se se debatesse em meio aquoso. Emitia grunhidos e fazia esgares, de modo que os demais de sua trupe riam-se e debochavam dele, pois bem sabiam que ele servia tão somente para distrair os representantes do Cordeiro, muito embora esse tipo de distração não surtisse o efeito desejado com os guardiões — que conheciam muito bem as artimanhas do inimigo. A entidade infeliz estava aflita, em franco desespero. Berrava inutilmente enquanto era atirada de um lugar para outro como uma bola de futebol por jogadores.

Nesse momento, advindas das profundezas, dos buracos do abismo e sob o comando de forças da maldade que se encastelavam em bases situadas na subcrosta, dezenas de criaturas bizarras eram expelidas pela terra. Dos bueiros da cidade, das fendas do solo, dos lugares usados para reuniões políticas espúrias, horripilantes criaturas subiam à tona, como que impulsionadas pelos sentimentos e pelas atitudes mais vis dos que as chamavam por afinidade vibratória. Cerca de trinta ou quarenta entidades virulentas emergiam do solo, como se viessem de um mundo localizado em galerias e poços profundos. Assim que apareciam na superfície, saíam correndo, fugindo do brilho das espadas chamejantes dos guardiões, que elas avistavam ao longe. Iam como um bando de bichos do mato, que partiam em debandada, porém se abrigavam em gabinetes da administração federal, de parlamentares e de outras autoridades.

Mas se enganaria quem pensasse que erraram o alvo. Apesar da forma atabalhoada, da algazarra aparente, havia planejamento no trajeto que faziam. Tudo indicava que foram treinados para assim agir em caso de urgência ou de manifestação dos guardiões superiores. Os alvos da turba eram conhecidos por cada uma daquelas entidades e haviam sido previamente assinalados. Os chefes da Horda, afinal, sabiam precisamente o que queriam, assim como não ignoravam os embates da trupe anterior com os guardiões, pois foram informados por seus observadores. Por essa razão, queriam evitar a todo custo o combate corpo a corpo. Afinal, não alimentavam ilusões quanto à derrota que sofreriam num confronto do gênero.

A alta cúpula dos vândalos espirituais e da organização criminosa que atuavam em Brasília e em diversos estados do país consistia de cientistas políticos desencarnados, de mestres da hipnose coletiva, bem como de magos que dominavam o pensamento e conheciam técnicas eficazes de intrusão mental. Além de especialistas de características variadas, seu cortejo também contava com espíritos usados para distrair os opositores — os que se denominavam filhos do Cordeiro —, entre outros criminosos do bando, alguns dos quais encarnados. Em desdobramento, estes últimos serviam abertamente a seus senhores; quando em vigília, vestiam togas e trajes sofisticados e ocupavam posições de destaque nos círculos empresarial, industrial e do poder. Em caso contrário, eram indivíduos ligados ao narcotráfico, corruptos e corruptores de toda espécie, além de guerrilheiros disfarçados de líderes sindicais e de movimentos ditos sociais. Em comum, todos tinham a engrenagem em que se embrenhavam — ganhar dinheiro, dominar e obter o máximo de poder —, de modo que eles próprios não se davam conta de que eram parte de uma teia de manipulação mental e emocional da qual não cogitavam escapar.

Os líderes sindicais, especialmente, dispunham-se a tudo, até mesmo a afundar o país se preciso fosse, desde que mantivessem os privilégios de que usufruíam, na medida em que se alimentavam como vampiros da própria gente que alegavam defender. Esta, por sua vez, deixara-se hipnotizar por seus algozes e não se importava em ser vampirizada; uma vez que abdicara do direito de pensar por si mesma, constituíra-se em marionete na mão de manipuladores de ambos os lados da vida.

Enquanto, nos bastidores da vida, desenhava-se uma nova batalha espiritual, no plano físico a quadrilha representada por certos empresários, homens de poder, políticos e seus *laranjas* conjugava-se em novos arranjos. Aliados à corja, homens parasitas, espalhados pelas diversas classes sociais, empregavam recursos espúrios para induzir os mais ignorantes a pensarem que estavam defendendo direitos populares, enquanto, na verdade, aplicavam tais táticas de guerrilha apenas para servir aos anseios de seus manipuladores. Eram auxiliados por mercenários de largo espectro político-partidário, que se deixaram contaminar pelo veneno da corrupção ou a ela se entregaram de forma obstinada, vislumbrando o projeto criminoso de poder que os guiava.

Todo esse elenco constituía o exército dos famigerados seres da Horda, das sombrias legiões do crime e da maldade. Isso sem contar os pseudointelectuais e um sem-número de educadores, professores e alunos de escolas e universidades que, sem suspeitarem da realidade espiritual por trás da maldade daquelas criaturas, faziam parte da refinada estratégia levada a cabo pelos dirigentes das dimensões ocultas. Assim, a Horda buscava aprofundar seu domínio em Brasília, em Caracas, em Havana e em outros centros visados pelas hostes da maldade nos lugares espirituais.[5]

De um lado, a súcia pairava sobre a capital federal. Desde paragens distantes vibratoriamente, vinham tal como se fossem pássaros negros, morcegos encobertos por uma fuligem, uma fumaça virulenta e tóxica, a se espalharem pelas margens do Lago Paranoá, notadamente no Plano Piloto, de maneira a penetrar diversos setores da administração pública e de algumas embaixadas ali estabelecidas. De outro lado, havia postos avançados das esferas sublimes naquelas imediações. Ali existiam agentes das falanges da justiça, também encarnados. Pequenos grupos reuniam-se para ação e oração e, assim, estabeleciam sintonia com os guardiões superiores. As sombras não poderiam menosprezar os filhos do Cordeiro de diversas denominações, os quais se irmanam em oração, e outros colaboradores mais, que conheciam técnicas eficazes e agiam no intuito de ajudar os guardiões no estabelecimento de uma base avançada naquelas paragens.

Aproveitando a energia telúrica emanada de minerais para alimentar baterias de magnetismo e

5. Cf. Ef 6:12.

criações mentais inferiores, magos negros fixaram base logo abaixo da superfície. A pauta era a ação dos representantes de Miguel.

— É necessário ficarmos mais atentos quanto aos miseráveis que se intitulam guardiões — falou um dos seres, que se mostrava envolto em um manto de escuridão, arrastando uma toga preta pelos corredores aparentemente sem fim de uma base localizada, vibratoriamente, abaixo do Plano Piloto.

— Há bem pouco tempo, eles venceram nossos enviados, que intentavam atuar no Congresso Nacional. Agora, que se aproximam outra facção de poder e seus emissários, os sentinelas da justiça resolveram mostrar suas garras. É prudente alertar os donos da Horda contra o perigo que significa enfrentar soldados da abominação. Afinal, parece sábio nos unirmos à facção recém-chegada, pois acredito que planeja o mesmo que nós.

A ação dos guardiões sobre a cidade de Brasília deixou os magos em alvoroço. Pareciam tempos difíceis para estes, embora pudessem sempre contar com seus manipulados encarnados, dentro e fora do governo. Era-lhes claro que não seria fácil o próximo lance da batalha.

— Por outro lado, convém ter cuidado com os espíritos da Horda, pois eles querem conquistar o poder aqui tanto quanto nós.

— Sim, é claro. No entanto, quem sabe possamos nos unir temporariamente, uma vez que temos o mesmo propósito? Depois que obtivermos a vitória sobre os arautos da justiça, decidiremos entre nós quem dominará, se nós ou a Horda.

Apesar do pavor que tomava conta dos magos, ao notarem a proximidade e as atividades dos guardiões, esboçaram uma gargalhada forçada, nervosa, na ânsia de projetarem segurança. Não convenciam nem a si mesmos, porém. O silêncio imperou outra vez entre eles. Um especialista entre os magos retomou o discurso após alguns instantes:

— Percebam, senhores da escuridão, que os espíritos da Horda são outras entidades, pois nossos instrumentos não se enganam. Medi sua vibração e estou certo de que são seres muito mais belicosos que os anteriores derrotados pelos guardiões. Detêm especialistas mais competentes em sua ordem. Convém ponderar se devemos nos aliar a eles agora ou, então, esperar o momento ideal.

— E qual seria esse momento ideal, miserável das

trevas? Qual? Pois não é agora que nossos planos têm sido descobertos? Não é agora que agem os guardiões, os agentes da justiça, encarnados e desencarnados, para desmascarar nossos representantes entre os homens? Não creio que possamos esperar por mais tempo.

Todos pensaram na veracidade das palavras do mago mais experiente entre eles. Estavam até certo ponto alvoroçados, pois entendiam que os membros da Horda eram substitutos dos que pereceram diante dos guardiões e reuniam mais perícia do que os subjugados naquela batalha. Entretanto, nem mesmo os magos conheciam quais estratégias seriam usadas pela nova facção para alcançar o domínio, tampouco quais armas e recursos detinham.

Para encerrar com suas palavras o pensamento de todos ali, asseverou o mago da mente, o velho Egbá:

— Em geral, os que chegam para substituir os que foram vencidos são mais vorazes e perigosos do que os primeiros. Sempre é assim — falou, suspirando. — Quem sucede aos que falharam na missão anterior costuma ser pior e mais competente.

Assim que chegaram ao local onde se encontravam seus aparelhos de comunicação com as outras dezesseis bases dos magos, acionaram os dispositivos e convocaram os representantes de cada um dos covis onde se enjaulavam as perigosas entidades, de onde articulavam processos obsessivos mais complexos que acometiam políticos e autoridades de toda sorte.

— Atenção, atenção, todos os senhores da escuridão! Emergência, emergência!

Um a um manifestou-se, cada qual a partir de sua base no subsolo da capital, todas arraigadas entre as rochas da subcrosta, em cavernas e antros, de onde partiam com seus comandos. Quando todos responderam, a entidade maligna falou, conclamando todos:

— Precisamos desenvolver uma ação conjunta urgentemente. Todos sabem dos últimos eventos que os guardiões patrocinaram. Nossos representantes na Terra, tanto neste país quanto em outros da América Latina e do Caribe, têm sido revelados um a um. É um efeito dominó. Cada um que é desmascarado entrega um ou mais correligionários, e assim por diante. Dispomos de poucos trunfos na manga.

Fez-se silêncio por alguns minutos. Logo após, Egbá tomou a palavra e falou:

— Aproximou-se uma tal Horda, um grupo de especialistas das trevas mais profundas. Os guardiões a detectaram antes de nós. Os infelizes representantes da justiça divina congregam-se sob os céus de Brasília. Em paralelo a essa reunião, nossos instrumentos detectaram que os vermes rastejantes enviados pelos donos da Horda se espalharam por diversos departamentos públicos e também por casas, residências oficiais, hotéis e outros redutos onde habitam os homens que nos interessam. De certa maneira, esses espíritos abjetos, esses demoniozinhos insignificantes servem aos nossos propósitos, porém, não sabemos que programa foi inserido na mente deles, nem o que são capazes de fazer.

"Entretanto, eis o mais urgente e importante: caso os donos da Horda dominem, alcancem seu intento, perderemos nosso poder. Então, está em jogo não apenas nosso mando sobre os representantes em Brasília, Caracas, Havana e outras cidades cruciais para nossos planos, mas, sobretudo, nossa soberania nas regiões espirituais da maldade. Enquanto os homens encarnados nem suspeitam do que ocorre entre nós, os ditadores do abismo e donos do poder, compreendemos que a vitória não será assim tão fácil.

"Em suma, precisamos nos reunir urgentemente.

Eis que convoco o poder mais ínfero do mundo para que deliberemos o mais rapidamente possível. Recomendo uma conferência com todos os representantes, vós, os mais miseráveis e malignos senhores da escuridão."

Em silêncio absoluto, as entidades das trevas enviaram seu consentimento mental para Egbá e marcaram a conferência emergencial, na qual seriam tratados assuntos urgentes quanto ao processo obsessivo geral e complexo em andamento. As entidades das trevas lidavam com outra configuração de poder, que, aparentemente, viera para conduzir a ação concernente aos personagens reunidos em Brasília e em diversas cidades do continente.

"Porque aos seus anjos dará ordens a teu respeito,
para te guardarem em todos os teus caminhos."

Salmos 91:11

mensageiro da justiça_

Capítulo 3

róximo ao topo da Torre de TV, a 240m de altura, no centro do Eixo Monumental, ao fim do qual se divisava o Congresso Nacional, em Brasília, pairavam Watab, Kiev, Dimitri, Semíramis e Astrid, observando em todas as direções possíveis. Examinavam, com especial cautela, as dimensões próximas à Crosta, para que quaisquer eventualidades não os pegassem de surpresa. Atentos à Horda misteriosa que se aproximara da capital, os guardiões lhe deixaram bem claro que havia ali um contingente de sentinelas da justiça divina que não poderia ser menosprezado. Preocupada com a situação, Semíramis falava aos amigos:

— Fico sempre a imaginar qual é a causa real dos problemas enfrentados por este país. Não vivi aqui em nenhuma de minhas vidas, mas me afeiçoei deste povo e desta terra por tudo de belo e de bom que noto aqui. Para além das belezas e das riquezas naturais extraordinárias, vê-se um povo acolhedor, dotado de uma força descomunal para produzir. Porém, permeia isso tudo o nó da corrupção, do levar vantagem às custas do próximo, do jeitinho de se burlar o que é certo; trata-se de um fenômeno social que mina o programa para que o Brasil se estabeleça como o celeiro do mundo. Fico intrigada quanto ao destino desta gente e desta nação.

Watab fitou a amiga guardiã e pensou na dedicação das amazonas do astral ao trabalho, na alma que colocam em tudo que fazem, motivadas simplesmente pela chance de colaborar com a causa da humanidade. Tendo isso em mente, o guardião da noite comentou, não sem antes fazer a ressalva de que exprimiria um ponto de vista pessoal:

— Essa é uma questão, Semíramis, que remonta a séculos, à ocasião da chegada dos europeus a esta terra abençoada e mesmo antes disso. Primeiramente, devemos considerar a causa espiritual, já que situações complexas desenvolvidas em solo europeu foram transferidas para a nova terra junto com seus protagonistas dos dois lados da vida. A Europa é um continente onde a civilização floresceu há mais tempo em relação à América, portanto, era um palco de lutas mais antigas, tanto quanto mais complexas nos dois planos da vida. Os elementos advindos do Velho Mundo, por essa razão, tiveram preponderância sobre o panorama espiritual da nova terra, uma vez que os espíritos de procedência europeia para cá trouxeram incontáveis dramas, vícios, intrigas, isto é, o fruto de processos obsessivos históricos. A partir dessa visão, podemos entender como se materializou no Novo Mundo, nesta pátria em particular, um sistema de administração e de governo que se caracterizou pela irresponsabilidade e pelo compadrio, acompanhado da falta de demarcação clara entre público e privado.

"Trata-se de uma situação que reflete, também, o que se passava com as levas de espíritos em constante turbulência e as facções de poder nas regiões inferiores, que disputavam o novo território, pois os líderes sombrios já sabiam muito bem da destinação do continente e do país no que concerne às ideias cristãs.

"Assim, mesmo que, em meio a tudo a que assistimos na atualidade, alguém pense que a América não é o terreno ideal para o florescimento de uma nova humanidade e das sementes do Evangelho, como código cósmico, a meu ver, é justamente este o território ideal — e a nação brasileira desempenha um papel central nesse contexto. Em que outro lugar deve ser plantada a semente de uma nova era senão em meio ao estrume da corrupção, que existe em todos os quadrantes do planeta, mas aqui se evidencia de modo tão escancarado? Precisamente em meio aos mais renitentes pecadores, aos mais assoberbados criminosos do passado, revestidos de nova roupagem por intermédio da reencarnação, é onde mais se faz necessária uma releitura do Evangelho ou da política cósmica do Cordeiro. 'Os sãos não necessitam de médico, mas, sim, os que estão doentes; eu não vim chamar os justos, mas, sim, os pecadores ao arrependimento':[1] onde essas palavras ganhariam mais sentido? Ora, justamente onde há carência de intenso investimento nas sementeiras do bem e da verdade. Além do mais, em terras brasileiras se reuniram, apesar das características corruptíveis, seres que já tiveram largo contato com as ideias e os valores cristãos em encarnações passadas, na velha Europa.

"Desde a chegada dos primeiros europeus ao continente e ao país, quando as falanges de espíritos derrotados espiritualmente vieram para cá, encar-

1. Mc 2:17. BÍBLIA de estudo Scofield. Versão: Almeida Corrigida e Fiel. São Paulo: Holy Bible, 2009. (Todas as citações bíblicas foram extraídas dessa fonte.)

nados ou não, o sistema falido dos seres da escuridão — a política dos *daimons* — incumbiu-se de agir. Aproveitando-se das características corruptíveis dos espíritos e das pessoas exiladas, bem como dos que aqui aportaram aparentemente por vontade própria, as sombras inspiraram, desde os primórdios, a implantação de um sistema que se caracteriza pelo favorecimento de amigos e familiares, com interesses pessoais prevalecendo largamente sobre os interesses da população e da nação. Habitualmente, essa prática até poderia parecer restrita aos encarnados. Todavia, o que acontecia entre os homens àquela época era tão somente o reflexo das políticas sombrias traçadas no plano extrafísico, sob o comando dos emissários dos dragões.

"Naquela altura, os chefes de legião haviam dividido o mundo em dez territórios, disputados acirradamente entre eles. Então, os representantes das trevas mais densas escolheram, a partir de estudos minuciosos, os alvos aos quais dirigiriam maior poder de fogo. Por meio da ciência das sombras e, principalmente, devido à indicação de antigos magos que tinham grande cobiça pela terra de Santa Cruz, eles rastrearam onde havia maior concentração de energia — os chacras desta terra —, e, desde séculos atrás, maltas das mais especializadas instalaram-se nas regiões astrais correspondentes a cidades como Salvador, Rio de Janeiro, São Paulo e até a cronologicamente longínqua Brasília, entre outros locais. As observações indicaram que naqueles ambientes havia maior probabilidade de erguerem-se centros importantes na vida da nova colônia e, futuramente, da nação. Distribuíram os territórios extrafísicos correspondentes entre as facções que detinham maior afinidade vibratória entre si, verdadeiras famílias cármicas dotadas de espíritos especializados em corrupções morais de toda sorte. A partilha, contudo, deu-se de forma ligeiramente diferente daquela que os homens costumam adotar no plano físico, pois a fizeram visando a séculos vindouros, e não somente a alguns anos adiante, como é natural aos encarnados.

"Certo é que o modelo dos artífices das sombras, conforme agiam no plano extrafísico, só vingou e se reproduziu ano após ano, século após século porque os homens que aqui viveram — e os que hoje vivem — responderam com vontades e ações à inspiração dos que, do outro lado do véu que separa as dimensões, manipulam os acontecimentos. Foi assim que, com o passar do tempo, a situação de correspondência vibratória entre os espíritos das regiões ínferas e os indivíduos que exercem o poder tornou-se o mal que assola esta nação, além de se constituir num processo complexo de obsessão em nível nacional. Isso tudo sem nos reportarmos a outros países deste hemisfério, cujo quadro não é assim tão diverso do que vemos no Brasil."

— Podemos realmente pensar num processo obsessivo, Watab? Não corremos o risco de ser extremistas em nossa forma de pensar a respeito dos problemas graves que o povo enfrenta? — perguntou Astrid, interessada no assunto.

— Obsessão, sim, minha cara. E das mais complexas, pois que a raiz do mal está alastrada em diversos departamentos da vida nacional, abrangendo desde empresários e representantes de classe até os ocupantes de cargos públicos, tais como parlamentares, governadores, prefeitos, magistrados, secretários, ministros e presidentes, entre tantos outros. O próprio povo também está envolvido, já que, em grande medida, mostra-se muito mais atento ao benefício de que usufruirá do que às implicações de suas atitudes para toda a gente ao longo dos anos vindouros nesse processo arraigado de corrupção. Como esse tipo de comportamento definitivamente não é inspirado por espíritos superiores, o há de ser por que categoria?

"Miremos o horizonte, minha cara, e perceberemos que aquela turba de espíritos da Horda só vem para cá porque é atraída pelos pensamentos e pelas ações dos indivíduos que exercem as posições de mando. Não fosse assim, tantos não estariam mancomunados a fim de boicotar a Justiça e seus agentes. Estes intentam higienizar o país, trazendo à luz os autores de comportamentos que destroem a nação e os dilapidadores do poder público, que se corrompem e corrompem o país.

"Com efeito, trata-se de um processo endêmico de obsessão, do tipo mais complexo, jamais visto, uma vez que se alastra na forma de uma cultura em meio à população — e esse ponto é gravíssimo por si só; possivelmente, o que acarreta as consequências mais daninhas. Tudo isso, por óbvio, é avalizado por entidades sombrias que tencionam obstruir o progresso, pois conhecem o papel que este país deve desempenhar no contexto do planeta."

— Realmente não teria melhor argumento, Watab — tornou Astrid, apreciando as palavras do guardião. — Aliás, evidência que sugere o quadro descrito por você é que mesmo a saída de Ella do poder e as investidas do homem forte não foram suficientes para convencer a esmagadora maioria da população acerca do legado monstruoso que restou para ser amargado pelas gerações futuras e administrado pelos governos desde então. Trata-se de uma maldição que pesará sobre os ombros da nação por longo tempo ainda, mas que não é vista por todos.

Após respirar profundamente, e seu olhar abranger para além do Plano Piloto sobre o qual se situavam, Astrid acrescentou:

— É como afirmou o espírito Tancredo Neves: "Se, por um lado, não se apresenta alguém que reúna condições genuínas e plenas de representar a nação e o povo brasileiro fazendo frente a essa marca da corrupção que avassala desde Brasília até a base mesma da sociedade — isto é, o povo comum —, pelo menos nos resta a alternativa de optarmos por uma ética ou, quem sabe, pela possibilidade de mudar, uma vez que o horizonte não nos aponta um líder ou uma liderança isenta de chances de perpetuar o erro.

Ou, mais modestamente: diante do quadro dramático em que se vê a nossa nação, errar menos já seria de muito bom grado diante do extremo a que chegaram os representantes eleitos democraticamente pelo nosso povo".[2]

— Sem dúvida — retrucou Semíramis. — Porém, o legado mais complexo e sobremodo maldito não é o político puramente, mas aquele atinente ao modo de pensar e agir incutido como marca na alma das pessoas, conforme o próprio Tancredo observou. Dificilmente a geração atual conseguirá alijar-se desse modelo de pensamento que ficou registrado como fórmula de governar e que, hoje, faz parte da cultura nacional de maneira tão notória e expressiva. Isso, sim, é determinante para os lances futuros e o que virá pela frente. Com a multidão amplamente aberta à influência de entidades que não querem o bem da nação, fico a imaginar quando terminará essa luta. Será que ocorrerá a volta do antigo regime e dos mesmos atores?

— Seja como for, vai demorar bastante até que

2. "Carta do espírito Tancredo Neves à nação brasileira". In: PINHEIRO. *O partido*. Op. cit. p. 19-20.

mais camadas da população adquiram consciência da parcela que lhes cabe das responsabilidades que imputam aos governantes e, enfim, assumam a condução de seus destinos. Enquanto isso, vamos lutar, trabalhar com perseverança, apesar de sabermos que a maioria dos encarnados ainda não acredita que, nessa batalha, enfrentamos forças ocultas poderosas, e não meros mortais.

Um e outro trocaram mais algumas impressões e opiniões sobre o que esperar a respeito dos acontecimentos vindouros. Ao intervir, Kiev, que até então se mantivera calado, deu certa inclinação um pouco mais abrangente à conversa, relacionando o assunto ao contexto internacional:

— Os acontecimentos neste país estão intimamente conectados a fenômenos semelhantes que ocorrem na Venezuela, em Cuba, na Rússia e em alguns outros países. Estão todos envolvidos numa rede complexa de interferências espirituais, obsessivas, sem precedentes na história de vários deles.

— Se nos atentarmos às conexões espirituais por trás dos comportamentos sociais e pessoais dos elementos-chave, aqueles que lideram os processos de corrupção a serviço de causas espúrias — complementou Dimitri —, poderemos pensar num fenômeno global de interferência extrafísica. Caso consideremos o próprio juízo geral[3] em andamento, poderemos compreender o desespero das entidades envolvidas em toda essa história.

— Estamos, de fato, em meio a uma guerra espiritual — afirmou Watab outra vez, para logo suspirar profundamente, enquanto observava ao longe os movimentos da Horda de seres malévolos. — Evidentemente, não emprego o termo "guerra" com a conotação que recebe no contexto terreno. Não se trata de combate visando à subjugação, à destruição e à eliminação do inimigo, como se dá numa guerra convencional entre os homens.

Visivelmente interessada no tema que as palavras do amigo suscitavam, Semíramis resolveu se manifestar, mudando ligeiramente o rumo da conversa. Exímia estudiosa dos eventos dos quais participaram os antigos *daimons* e seus asseclas, ela expandiu a análise que se fazia até então:

---

3. Cf. "Juízo final". In: KARDEC, Allan. *A gênese, os milagres e as predições segundo o espiritismo.* Tradução de Evandro Noleto Bezerra. Rio de Janeiro: FEB, 2009. p. 507-511, cap. 17, itens 62-67.

— Nessa guerra milenar, meus caros, algo toma meus pensamentos, por conhecer o perigo e a extensão dos danos que poderão ocorrer. Sabemos que os antigos soberanos das dimensões de frequência mais baixa do planeta aglutinaram e ainda hoje aglutinam vibrações deletérias, poderosas e destruidoras, que partem da mente de espíritos maus e em sofrimento, de ambos os lados da vida. Formaram, assim, uma espécie de foco ou núcleo de forças da escuridão. Essas forças são emanações de dor, ódio e sofrimento absorvidas e irradiadas sobretudo das dimensões mais próximas da Crosta e do próprio mundo dos encarnados. Esse aglomerado de energias densas, absolutamente nocivas, alimenta as frentes de poder, os instrumentos da maldade e os projetos audaciosos dos seres sombrios. Quase se pode dizer que tal amálgama constitui um tipo de entidade, dotada de vida artificial, cujas reverberações podem ser canalizadas para provocar calamidades sociais e naturais, tanto físicas quanto extrafísicas, de grande impacto. Basta pensar no potencial das energias vitais exsudadas em guerras, morticínios e genocídios, onde quer que aconteçam manifestações do gênero, de cunho violento.

— Imaginem só — interferiu Astrid — a força concentrada que irradia de desencarnes coletivos, tanto de ectoplasma quanto de outras formas de energia densa a ele associadas...

— Pois é, amigos! Como não ligar os eventos da arena física a questões astrais, transcendentes? De que modo se pode deixar de identificar profundas consequências espirituais para os povos da Terra em eventos de ordem social, política e diplomática se as relações entre os acontecimentos em ambas as dimensões são assim tão patentes, como no exemplo que demos?

Certo silêncio provocado pelas reflexões das guardiãs tomou conta de todos ali enquanto ainda flutuavam sob os céus de Brasília. Dimitri tomou a iniciativa de comentar algo mais, depois de refletir sobre as guerras e as disputas em outros recantos do planeta:

— Eis que penso um pouco mais longe quando considero tudo isso. Uma guerra envolvendo as grandes potências, sobretudo neste momento, seria de todo indesejável, mas não tão improvável. Com base no que Semíramis dizia, é preciso considerar a demanda de energia por parte das entidades malignas, principalmente magos negros e cientistas a eles consorciados. Imaginemos tudo que disseram desencadeado pela detonação de armamento nuclear, por exemplo.

Todos compreenderam o alcance das palavras de Dimitri. Ele se referia à possibilidade de uma guerra em larga escala com as armas mais letais que os homens hoje têm à disposição. Notando o silêncio prolongado dos interlocutores, o guardião continuou:

— O amálgama escuro astralino a que Semíramis chamou entidade, e outros denominaram egrégora, é uma grande fonte de abastecimento para as entidades perversas, se não a maior. O efeito da interação entre elementos atômicos e tal energia é, em certa medida, desconhecido; não se sabe o tamanho do estrago que é capaz de causar não somente no plano físico, mas também no astral, notadamente nas cidades erguidas no plano mais próximo da Crosta. É importante ponderar tudo isso ao avaliar a dimensão dos problemas humanos, levando os homens a perceberem que fenômenos de natureza política, social e econômica podem muito bem repercutir sobre a vida e as energias nos planos extrafísicos. Isso explica, entre outros motivos, o interesse de espíritos sombrios em manipular diretamente os acontecimentos naquelas esferas. Confirma-se, assim, que nada há no mundo que escape à interferência de entidades espirituais. Nada ocorre no mundo físico, social ou moral que não esteja associado à ação de inteligências extracorpóreas, malévolas ou não.

— Precisaremos das energias dos nossos agentes encarnados — declarou Watab, o guardião africano e dirigente dos guardiões da noite, equipe que se especializara no enfrentamento de magos negros. — Necessitamos de agentes dispostos a servir, que deixem de lado suas diferenças e se coloquem definida e definitivamente ao lado dos representantes da justiça divina.

Respirou fundo e anunciou o que ninguém queria ouvir naquele momento:

— Jamar acaba de se comunicar telepaticamente comigo. As entidades da Horda se dirigem às residências de ministros do Supremo Tribunal Federal e de alguns senadores. Parece que já estabeleceram seu alvo.

Ao dizer isso, imediatamente ascendeu nos fluidos ambientes, tomando a rota do ponto de encontro com Jamar. Rodopiando em torno do próprio eixo, fez um gesto de despedida aos amigos, que ficaram sob a supervisão de Semíramis, a fim de prosseguir rumo aos alvos que seriam visitados pelos integrantes da Horda.

Jamar também convocara outro espírito, alguém que ainda não tinha trabalhado na psicosfera do Brasil, nem sequer da América Latina. Era um guardião de alta estirpe espiritual, que viera para auxiliar os agentes superiores da Terra no processo de seleção das almas, considerando o desterro planetário que se avizinhava. Vinha observar e avaliar a atuação dos agentes do bem ao redor do globo, de modo a verificar o nível de compromisso do maior número possível deles.

Dirigiram-se os três para outra região do país em busca de recurso energético, de ectoplasma e também de energias psíquicas apropriadas para serem utilizadas nos próximos lances da batalha.

ANOITECIA SOBRE A MORADA DOS HOMENS quando os três guardiões superiores desceram lentamente à frente da residência do agente encarnado. Muitas pessoas não imaginavam que naquele local transcorriam acontecimentos graves, intimamente associados a seres invisíveis que transitavam entre uma e outra dimensão da vida. Poucos desconfiavam; bem poucos tinham plena consciência dos fatos.

O trio aproximou-se lentamente e logo foi visto por uma guarnição que tomava conta do lugar. Jamar foi reconhecido ainda à distância, assim como Watab. O outro, no entanto, foi somente reverenciado com um leve aceno de cabeça por parte dos sentinelas de plantão.

— Neste momento nosso amigo e pupilo descansa, senhor. Hoje parece ter sido um dia muito atribulado para ele e seus colegas no trabalho.

— Vamos entrar mesmo assim, amigo. Obrigado por nos avisar. Alguma intrusão energética ou consciencial? Algum assediador de outra dimensão?

— Os mesmos de sempre, senhor. Mas temos tido êxito ao repeli-los. Neste lar não entram, nem o violam com energias nefastas. Encaminhei ao comando central nossas observações a respeito do assédio feito pelo homem forte e seus comparsas. Tão logo possível, dê atenção ao assunto, por favor — falou Omar para seu superior.

— Hoje ainda deliberarei sobre suas observações, caro guardião.

— Tenho certeza disso, senhor — respondeu o chefe daquela guarnição. Ele sabia que Jamar, além de dedicado, invariavelmente cumpria com o que falava. Nem sempre lhe era agradável desempenhar certas obrigações quando tratava com emissários das sombras, mas ainda assim era pontual, rigidamente pontual, quando empenhava sua palavra.

O estranho ser que acompanhava Jamar observou os sentinelas envolvendo a casa do agente encarnado e ponderou:

— Você tem amigos fiéis. Isso é muito bom. Eles não apenas obedecem a seu comando, mas são amigos, parceiros, e isso é muito melhor do que ter soldados e seguidores dispostos tão somente a cumprir ordens.

Jamar aquiesceu ante o comentário de Anu-ep, o guardião de procedência extraterrestre.

O agente encarnado não gostava de se expor para além do que exigia o cumprimento de seus deveres. Vivia sem ostentação, como vive uma família de classe média no país. Esposa e filhos também estavam, de certa forma, ligados à causa da justiça e da educação.

— Nosso agente foge dos holofotes e dedica-se com

afinco a questões de sua alçada jurídica. Como era de se esperar, muitos dos opositores, que alegam inocência, tentam prejudicá-lo a qualquer custo; esquadrinham sua vida pessoal e seu histórico profissional em busca de algo que o desmereça e o exponha ao descrédito. Ele responde com silêncio e mais trabalho — falou Jamar. — Apesar de tudo isso, é um homem como qualquer outro: de um lado, apresenta elementos que merecem ser reciclados; de outro, detém muitos predicados que, por ora, não se veem na maioria.

Adentraram o ambiente Watab, Jamar e Anu-ep. Aproximaram-se devagar, como se ingressassem em um templo. A residência era algo muito comum, sem nada que chamasse a atenção. Antes que ingressassem nos aposentos do agente da justiça, dois outros guardiões, especialistas sob o comando de Watab, estavam de prontidão no local e advertiram:

— Olá, senhores! — cumprimentou um dos dois oficiais. — Por favor, peço que esperem um pouco mais, pois nosso agente está prestes a terminar uma ducha. Creio que, no mais tardar, em cinco minutos poderão adentrar o recinto sem invadir sua privacidade.

Watab assentiu, pois fora ele próprio que designara ambos os sentinelas para a função e lhes dera as instruções, que, como se via, seguiam à risca.

— Desculpem-nos a forma de agir, senhores, mas nosso agente é estrito no que tange à privacidade — um deles complementou. — Preferimos respeitar o jeito do nosso agente, pois ele conquistou uma posição que faz jus ao nosso cuidado pessoal.

— Entendemos tudo isso, amigo — concordou Jamar.

Enquanto aguardavam, os visitantes ficaram à vontade para observar a moradia quase espartana do representante da justiça. Jamar media cada detalhe do ambiente extrafísico, notadamente os instrumentos ali instalados.

Passados alguns instantes, o consentimento foi dado pelo oficial de plantão. O trio, então, adentrou o quarto e encontrou o agente recostando-se por alguns minutos antes de sair novamente e voltar a seus afazeres. Jamar aproximou-se e olhou diretamente nos olhos do agente.

— É esse aí? — perguntou Anu-ep. — Foi ele quem primeiro atendeu ao clamor de vocês?

— Exatamente — respondeu Jamar, enquanto mantinha o olhar fixo no homem sobre a cama, recostado em dois travesseiros, procurando repousar. — Ele faz uma prece neste momento, rogando forças para continuar seu trabalho. Às vezes, ele ora por aqueles com quem tem de lidar nos processos judiciais; pede que possam entender, enquanto é tempo, as responsabilidades que lhes concernem nos eventos em que tomaram parte.

— Pensei que ele vivesse num local maior, mais aconchegante e com mais recursos — comentou Anu-ep.

A presença de Jamar induziu o homem a fazer uma oração mais fervorosa. Em seguida, o guardião superior afastou-se, cedendo lugar a Watab, que assumiu o papel de exímio magnetizador. Invisíveis, os guardiões esperavam apenas aquele momento de relaxamento do agente encarnado.

— Não pensei que ele fosse pessoa tão importante assim para o projeto dos guardiões — falou Anu-ep, acentuando suas palavras.

— Sim, ele é importante pelo que faz e pelo que representa — asseverou Jamar, de maneira enfática.

Watab emitiu um pulso de energia muito intenso, sem fazer grandes movimentos, a não ser estender seu braço direito e espalmar a mão sobre a fronte do homem recostado, fazendo jorrar um jato de luz até seu chacra frontal. Imediatamente, ele projetou-se na dimensão extrafísica, pairando acima da cama, e pôde ver os três seres que o visitavam.

— Salve, guardiões! Que bom que vieram. Desculpem-me se porventura me demorei; sabem como é a vida no corpo físico — principiou o agente, agora desdobrado. — Devo cuidar bem do instrumento dado a mim pela bondade divina. Afinal, preciso concluir o projeto que me foi confiado.

— Não precisa se desculpar, amigo — disse Jamar. — Sabemos como é atarefado. Gostaríamos de trocar algumas poucas palavras, pois sabemos que terá muito trabalho ainda na noite de hoje. Enquanto conversamos rapidamente, faremos uma revitalização em seu corpo físico, dedicando especial atenção à zona cerebral, pois precisará estar muito alerta durante os próximos lances da batalha que está por vir.

Após apresentar Anu-ep ao agente desdobrado, Jamar prosseguiu, tomando providências para que as palavras ficassem registradas na memória espiritual do agente da justiça:

— Permaneça atento às nossas intuições. Recebemos ordens diretamente de Miguel para ampará-lo.

Blindamos você e os outros agentes da Justiça e temos conduzido recursos para fortalecê-los. Porém, as forças da maldade se congregam para lançar nova ofensiva contra as conquistas do bem e da equidade. Um grupo de especialistas das sombras acaba de aportar em Brasília. É uma horda de seres bastante determinados; miram alvos que identificaram previamente como os que desempenharão o papel de médiuns seus nos propósitos espúrios.

"Grande movimento de energia é forjado, neste momento, do lado de cá da barreira que separa as dimensões. Faremos com que novos fatos e elementos venham à tona, e isso causará furor nos espíritos malignos, naqueles que defendem a desordem, o sistema de caos reinante, bem como nos que assaltam o país e fomentam a corrupção institucionalizada em vários níveis. Embora isso abale as estruturas do atual governo, o que tem de vir virá e não tardará.[4] É preciso que o povo saiba como tem sido prejudicado e conheça quem o lidera. Prepare urgentemente sua equipe e muna-se de fé, coragem e determinação, pois estaremos juntos, como sempre. Você terá meu total apoio e proteção."

4. Cf. Hb 10:37.

— Fico apenas preocupado com minha família...

— Faremos o que for possível; confie! Mas saiba que a situação mexerá com todos vocês. O homem forte já recrutou seus comparsas, e Ella trabalha na surdina para desfazer o movimento em prol da justiça que você representa nesta hora. Portanto, não se engane: dirão calúnias contra você, levantarão provas forjadas contra sua honestidade e o difamarão, invadindo até sua vida particular. Esteja preparado para tudo; lembre-se que nosso governador espiritual enfrentou sistema semelhante e venceu exatamente no momento em que as forças da oposição julgaram que ele havia sucumbido. O bem ainda não predomina sobre a Terra, portanto, amigo, ore com fervor, mas mantendo, como sempre, um olho fechado e outro aberto. Afinal de contas, um soldado não deve jamais se esquecer de que está numa batalha diária. Contamos com você, pois muitos dos próximos lances dependerão da equipe sob seu comando.

— Então devo aguardar momentos ainda mais complicados no panorama político e social?

— Isso mesmo. As estruturas de muitos departamentos da vida nacional serão abaladas. Partirão para cima de você e dos outros agentes da justiça com todo o ímpeto, querendo impedir e sabotar o trabalho que exercem. Fique atento, guardião! — disse Jamar, encerrando a comunicação com o agente da justiça encarnado, o qual trabalhava numa cidade da região Sul do país.

Watab o conduziu de volta ao corpo físico, já revigorado, graças ao magnetismo que ele próprio transmitira durante o diálogo terminado. O homem despertou, assentou-se na cama e, respirando fundo, proferiu uma breve oração:

— Senhor, obrigado pela proteção dos seus anjos da justiça. Use-me, ó Pai, como seu instrumento, e me dê sabedoria para continuar fiel ao seu projeto para mim nesta vida.

Os guardiões ainda ouviram as últimas palavras do agente, que então se levantava. Viram filigranas de luz descerem sobre o lar de quem atuava em nome dos guardiões no plano dos encarnados. Vultos invisíveis aos olhos humanos transitavam entre uma dimensão e outra, enquanto um grupo de sentinelas, de oficiais da justiça divina, assumia seu posto ao lado daquele homem, que sairia de casa poucos minutos depois, para dar prosseguimento a mais uma demanda em seu ofício na instância do Poder Judiciário.

"O Senhor julgará os povos; julga-me, Senhor,
conforme a minha justiça e conforme a
integridade que há em mim."

SALMOS 7:8

assuntos urgentes_

Capítulo 4

atab, Dimitri e outros guardiões desceram, num voo rasante, e pararam sobre o ponto de encontro entre o senador e o ministro. Notaram a agitação de ambos no instante em que um carro saía em disparada com um homem que não poderia ser visto ali, na companhia deles. Watab deu um sinal para os amigos, acenando com a mão direita, como a indicar que a temperatura das coisas em breve esquentaria. Riscando a atmosfera com uma pequena explosão, fruto do contato da antimatéria do plano extrafísico com a matéria densa do mundo dos encarnados, eles arremeteram, rasgando o céu noturno com marcas iridescentes.

As cidades abaixo deles sucediam umas às outras, de tal forma que a velocidade com que cruzavam a atmosfera se assemelhava à de uma poderosa espaçonave riscando o céu de algum mundo distante. Voavam muito além da barreira do som. Logo se via, abaixo dos poderosos guardiões, uma mancha verde, onde então mergulharam. De repente, uma floresta parecia os engolir. Eram trespassados por todo o verde, o cheiro da mata, as árvores e as flores, além das folhas dos arbustos, que os açoitavam. Atravessavam aquele reduto de mata atlântica sem se ressentirem dos obstáculos naturais que somente os encarnados enfrentavam. Lançaram-se os guardiões no meio da mata, espantando as sombras e deixando um rastro de luz imperceptível aos olhos dos homens, mas perfeitamente registrado pelos pequenos animais ali presentes, que se retiraram em caminhada lenta, como a pressentir que ali havia algo a ser respeitado e, talvez, reverenciado. Os emissários do Alto atravessaram os troncos das árvores, que, naquele momento, estavam repletos de seres elementais, os quais olharam os visitantes com surpresa.

Em seguida, os guardiões divisaram a clareira mais próxima, local previamente escolhido pelo próprio Jamar, que os esperava. Suavemente, desceram ao solo, em completo silêncio, embora ao derredor se pudessem ouvir os sons comuns a uma floresta tropical, com seus habitantes dos mundos animal e elemental. Devido às irradiações de sua aura, que se estendiam por todos os lados, caso os embaixadores da justiça divina fossem vistos pelos mortais comuns, provavelmente seriam descritos como anjos luminosos, cujas asas se estendiam por uma envergadura semelhante à de um paraquedas.

Tão logo pousaram — como uma borboleta pousa sobre uma flor, já que tão suave e delicadamente tocaram o chão —, o rebrilhar da aura dos guerreiros diminuiu de intensidade, restando apenas leve luminosidade envolvendo os corpos robustos, que guardavam aparência perfeitamente humana, com porte altivo e elegante. Via-se apenas um lampejo de suas espadas, instrumentos preciosos de trabalho, fruto da tecnologia sideral. Tais armamentos assumiam feição quase material à medida que seu aspecto coruscante arrefecia, à semelhança do que ocorria com a aura dos guardiões.

Jamar poderia ser confundido com um capitão altaneiro. Era como se ele, ligado ao comandante das milícias celestes — o próprio Miguel —, refletisse, por alguns instantes a mais, o brilho das estrelas. Apresentava cabelos amendoados com nuances douradas. Até então, aguardava os guardiões, seus amigos, com o olhar que denotava a paixão pelo trabalho que desempenhava e a dedicação ao ideal abraçado. Trazia o rosto um pouco tenso, marcado, porém, com a firmeza de quem sabe muito bem o que está por vir e como enfrentar os eventos decisivos que provavelmente sucederiam em breve.

Jamar, novamente, fazia-se acompanhar do espírito Anu-ep, guardião que viera auxiliar nos momentos de trabalho intenso em meio ao processo de expatriação dos espíritos da Terra. Representando as guardiãs, Astrid estava ao seu lado, além de Mauá, o qual pedira a interferência de Jamar e de seu time de sentinelas na situação nacional.[1] Vestiam trajes diferentes, de tonalidade bege associada ao branco opaco. Todos usavam tons pastel, exceto a guardiã, cujas roupas eram negras.

Watab apresentou-se já entregando seu relatório num instrumento de alguns centímetros, o qual tinha a propriedade de projetar um holograma caso fosse necessário. Os demais guardiões reverenciaram Jamar e seus convidados com um leve menear da cabeça e, logo em seguida, proferiram sua saudação: "Justiça e paz!".

Foi Watab quem principiou:

— Todos os espíritos adversários se escondem, Jamar, mas temo que entrarão em guerra as duas

---

1. Irineu Evangelista (1813–1889), barão do império e, posteriormente, Visconde de Mauá, é personagem dos volumes anteriores desta série (cf. PINHEIRO. *O partido*. Op. cit.; PINHEIRO. *A quadrilha*. Op. cit.).

facções: a Horda, recém-chegada, contra os magos negros, pois esses se reúnem neste momento com o intuito de arregimentar forças e traçar estratégias para lidar com seus rivais. Os senhores da escuridão não se conformam em perder controle sobre os alvos, que consideram deles por direito, para aquele grupo, provavelmente enviado a mando dos espectros. Disputam o domínio sobre deputados, senadores e a própria presidência da república.

— Tudo bem — disse Jamar. — Fiquemos atentos aos lances que estão por vir. Em breve, surgirão elementos no âmbito judicial e na própria política que abalarão os alicerces da nação. E será só o começo. Conhece alguma outra facção diretamente associada a esse processo?

— Diversos espíritos ligados aos alvos, no plano físico, têm sido aliciados pelo bando recém-chegado, que intenta assenhorar-se da mente dos protagonistas. Trata-se de um processo de obsessão realizado de uma forma que, em circunstâncias anteriores, não se mostrara inteiramente. Não detectamos o ser que chefia a quadrilha do lado de cá em parte alguma. Como dirige seus lacaios à distância, ele se preserva, permanecendo no abrigo de quaisquer eventualidades.

— Interessante. Que me diz do presidente?

— Ele está ciente do que ocorrerá, Jamar. Sabe que irá dispor de um tempo breve para se segurar no poder. Teremos de evitar o pior.

— E o empresário? — perguntou Astrid.

— Sem chances de se safar. Ele próprio fez uma parceria com representantes da Procuradoria-Geral da República, mas alguns agentes já providenciam recursos que o levarão a se curvar diante da lei. Não tivemos escolha. Ele escaparia ileso; deixaria o fogo consumir os demais enquanto desdenharia da população.

Anu-ep expressou sua opinião por meio de um gesto, aprovando as iniciativas do time.

— Como está o senador agora? E os demais envolvidos? — indagou Jamar.

— Trata-se de uma situação delicada — tornou Watab. — Certos contatos são feitos para disfarçar suas pegadas; uma aliança é discutida com um dos magistrados do Supremo. Nenhuma novidade diferente do que se espera de um político cuja imagem está prestes a ser abalada.

Jamar fitou os amigos, apreensivo, e comentou:

— Não, nem me preocupo com esse, mas com os

homens de toga. Esses, sim, têm sido vistos como alvo, embora alguns deles já tenham se vergado em caráter mais ou menos definitivo sob a ação de entidades vis. Entre os demais, há apenas dois com quem podemos contar. Faz-se necessário conversar com alguns deles fora do corpo urgentemente. Você pode providenciar isso, por favor, Dimitri? O STF está minado, e o Senado, nem se fala.

"De qualquer maneira, se porventura evitarmos o suicídio de duas das pessoas-chave relacionadas às questões graves que repercutem na imprensa nacional, já me dou por satisfeito. Neste momento crítico, uma reviravolta assim lançaria o país no caos, de acordo com nossa avaliação."

Watab e Dimitri olharam em direção a Anu-ep ao perceberem, pelas palavras do guardião, que a situação poderia ser bem mais grave caso não interferissem. Uma enxurrada de delações abalaria a república, e alguns atingidos, mesmo esperando que algo acontecesse, não tinham noção do quanto seriam tragados pela lama de suas atitudes espúrias quando elas fossem reveladas.

— Estimo que alguns deles escaparão por um triz — tomou a palavra Dimitri —, pois têm a seu favor um dos ministros, que fará de tudo para livrá-los, uma vez que ele próprio tem muito a temer. Além do mais, é uma indicação do homem forte, com quem mantém laços estreitos. Esse, por sua vez, permanece latente no momento, como determinam seus mandarins do astral. Tal como um vírus, aguarda as defesas e a imunidade do país baixarem aos menores patamares para, então, ressurgir com seu golpe dificilmente disfarçado.

— De todo modo, amigos, vamos lutar para que os impactos sobre a nação sejam amenizados — contemporizou Watab. — Infelizmente, não podemos esperar muito das pessoas de bem, pois, neste momento, em vez de irem às ruas, elas se retraem. Em certa medida, é compreensível, pois a instabilidade da hora causa dúvida até mesmo acerca de qual bandeira se deve defender. Do outro lado, também estão reticentes os que fustigam, desde seus gabinetes, agitadores e manifestantes a soldo, recorrendo, para tanto, a aparelhos aliciados por sua política abominável. Além do receio de serem arrastados pela enxurrada de escândalos e denúncias, que parecem não ter fim, temem a volta ao público das massas que exigem o cumprimento da lei e o respeito à Justiça, o que aumentaria ainda mais a pressão sobre eles. Por essas e outras razões, nem os responsáveis diretos pelo movimento das ruas nem tampouco os políticos estimulam a multidão a se lançar a campo.

— Não obstante, precisávamos das energias da população pacífica. Na falta desse elemento, porém, recorreremos aos nossos agentes e veremos com quem poderemos contar — concluiu Dimitri.

Jamar só demorou uns segundos para processar tudo, meneando a cabeça, consternado diante do alcance do processo obsessivo, que se imantava numa malha finíssima, enredando mais e mais partidos e homens públicos numa rede nefasta cujo pano de fundo era a corrupção em alto grau e larga escala. Tanto nos gabinetes dos políticos corrompidos quanto nos escritórios dos empresários e de outros cúmplices havia malfeitores espirituais, obsessores a instigar, inspirar e induzir os indivíduos que lhe eram aliados ou marionetes a cometerem os maiores descalabros.

Espíritos superiores encontravam barreiras e dificuldades severas para penetrarem na psicosfera da capital federal e agirem junto aos envolvidos na usina de escândalos que parecia tomar o lugar da

administração nacional. As raízes do mal prolifera-
ram-se de tal maneira que poucos homens públicos
e talvez nenhum dos partidos políticos tenham res-
tado incólumes.

O homem forte aproveitava a eclosão do cenário
que planejara, como salvaguarda, e agia na surdina
para dar o golpe a qualquer momento. Era parte da
estratégia, que, ainda que fosse ameaçada, a hidra
já teria alastrado seus tentáculos tão profundamente que o sistema se mostraria irremediavelmente
infectado pela praga nefasta e resistente. Afinal, as
táticas de guerrilha do Foro de São Paulo — que é a
própria criatura mitológica materializada em sua
versão latino-americana — não foram desenhadas
apenas para o cenário vitorioso em todas as etapas.
Era assim que o homem forte detinha trunfos que
a maioria desconhecia, embora derivassem do fenômeno que ora vinha à tona: a institucionalização
sistemática da corrupção como método de administrar e governar, como política partidária, banalizada
a ponto de ser considerada dado da realidade, e nada
mais, aos olhos daqueles que se comportavam como
cabeças da hidra sul-americana ou, meramente,
compraziam-se em servir-lhe de alimento.

Foi Astrid quem quebrou o breve silêncio, em tom apreensivo:

— O que os amigos relataram até agora já é notícia suficiente — disse ela, achegando-se perto de Jamar.

Dimitri também manifestou certa inquietação, embora procurasse disfarçá-la com um sorriso forçado:

— Nunca tivemos acontecimentos aparentemente tão numerosos e ruins, mas que, no fundo, denotam progresso, já que tem vindo à tona muito do que os seres da oposição lograram esconder por algum tempo. Nisso tudo, vejo emergir uma nota de esperança para o povo e as instituições ao perceber que tantas coisas encontrarão seu destino nas mãos da Justiça!

Jamar olhou para cima, como a fazer alusão à soberania da justiça divina, e sorriu um sorriso cauteloso.

— Podemos esperar muitos percalços e desdobramentos e vê-los com otimismo, amigo guardião. Mas o fato é que, sozinhos, não nos compete interferir; sozinhos, não nos cabe realizar aquilo que os próprios homens não desejam. Como em todos os casos até aqui, dependemos da ajuda de nossos agentes encarnados. Se porventura superarem diferenças e se unirem mais, poderemos contar com uma força de trabalho nada desprezível. Assim, faremos com que a justiça divina prevaleça, de braços dados com a misericórdia.

Calando-se por alguns instantes, o líder dos guardiões logo continuou:

— Há pessoas de bem que tombarão junto com os enredados na teia da corrupção. Houve quem acreditasse e, mais do que isso, encampasse os projetos apresentados pelos políticos e pelos empresários que protagonizaram os golpes desferidos pela hidra. Por óbvio, na hora do saneamento, serão jogados na fogueira juntamente com os malfeitores. Não obstante, no caso dos homens de bem, de quem foi genuinamente enganado, cujo pecado é mais ingenuidade que falta de escrúpulos, devemos amenizar ao máximo sua queda.

"Em patamar de maior gravidade, outro plano de ação se faz necessário. Refiro-me ao fato conhecido de que os dirigentes do sistema criminoso de poder trabalham arduamente a fim de obstruírem a ação da Justiça. Há um projeto em curso, e bem adiantado, que foi abraçado por alguns ministros, cujo objetivo é calar os agentes encarnados da Justiça. Quero que você, Watab, pessoalmente, tome a dianteira nessa frente de trabalho. O processo obsessivo em andamento no país é tão agudo que as garras afiadas da hidra intentam criar obstáculos à própria justiça, tanto a divina quanto a humana. Estão a forjar elementos para incendiar o povo contra nossos agentes, aqueles que desempenham seu papel no mundo como representantes da lei e da ordem e da equidade."

Houve certo incômodo por parte de todos ali presentes quando eles notaram que Jamar falava exatamente dos planos que eram articulados pelos apoiadores do homem forte, que se mantinha discreto por demais ante os eventos que vinham a público naquele momento.

— Assim — prosseguiu Jamar —, caso tenhamos êxito, as palavras de Dimitri poderão se cumprir. Isto é, por mais que tudo dê sinais de piora, deterioração e erro, como se as coisas estivessem mal encaminhadas, a verdade será outra. Desta vez, avançaremos mais, e a Justiça começa a dar passos mais concretos entre as fileiras dos criminosos de colarinho branco, desmascarando, portanto, as artimanhas do mal. Isso explica a investida das sombras sobre os homens que dominam o país. Os espíritos das trevas temem que toda a sua artimanha seja desfeita e que seus mais ilustres mediadores entre os humanos sejam desmascarados. Essa é a razão por que atacam com novas forças, com um novo contingente. Estão temerosos e acuados. Diante do que está por vir e das informações cuja revelação abalará por certo tempo as estruturas da nação, haverá ao menos uma temporada de recuo ou retrocesso na ação dos artífices da maldade.

— Os espíritos do mal que patrocinam as ações da quadrilha e espalharam tentáculos pela massa de partidos do Brasil e também da América do Sul — disse Mauá, que até então se mantivera calado — terão muito o que responder em breve. Seus superiores não os perdoarão devido ao que está por vir, que abalará a estrutura de poder de seus aliados encarnados. Enquanto a população em geral tenderá a ver a exposição das entranhas da politicagem com olhos de apreensão, perguntando-se "Onde vamos parar?", enxergamos esse momento histórico do país como algo valioso, pois já passa da hora de virem a público as falcatruas e o que mais estava escondido, lesando o brasileiro. Por certo, ninguém de nós tem a ilusão de que tudo cessará de um momento para outro. As forças da oposição ao Cordeiro não descansarão e farão o que estiver ao seu alcance para obstruírem a Justiça. Contudo, o bem prevalecerá.

— Temos guardiões a postos em todos os departamentos, mas carecemos da ajuda dos amigos do plano físico — insistiu Jamar. — Sem o auxílio deles, tudo poderá ser bastante demorado. Ainda bem que vemos brotar uma nova consciência de que todos devem participar e de que lidamos, afinal, com questões espirituais, e não com políticas humanas. Mesmo assim, temos ordens superiores para não intervirmos, a menos que seja absolutamente necessário.

— Mas Jamar... — reagiu Dimitri com certa indignação diante da realidade das investidas da Horda. Reconsiderou e achou por bem ponderar. — Será que esses espíritos patrocinadores da desgraça humana nunca conseguem infligir sofrimento e problemas o bastante?

— Temos de convir, caro Dimitri — respondeu o comandante interpelado —, que nenhum obsessor age com autonomia plena em relação ao obsidiado. Tal como ocorre conosco, os guardiões da humanidade, eles também dependem dos indivíduos que influenciam. Não somos capazes de fazer tudo por conta própria, sem nos sujeitarmos à disposição humana, à dedicação e à parceria estabelecida com nossos agentes encarnados. Na verdade, no cenário em foco, eles têm empregado muito pouco esforço no processo obsessivo. Apenas estimulam os alvos escolhidos naquilo que já querem, efetivamente, fazer. Propiciam situações e armam ciladas, mas são os homens que caem por si próprios nos precipícios da obsessão. Nesse caso, uma obsessão coletiva, sobremodo complexa, cuja libertação exigirá do povo uma reação à altura.

Antes de prosseguir, Jamar fez breve pausa e mirou os olhos de Dimitri, olhos claros e de uma expressividade incrível, tão cheios de ardor pelo trabalho e de apreço pelas vidas humanas e, ao mesmo tempo, tão ternos e de uma doçura sem igual quando se trata dos agentes do bem e da justiça.

— Guardião amigo, preocupamo-nos com tudo isso, especialmente com as artimanhas dos inimigos da humanidade. Todavia, sabemos que tudo tem um propósito e que nenhuma nação amadurecerá sem passar por momentos difíceis. A vitória não vem sem lutas! O sofrimento da população talvez sirva para que ela acorde, participe e se envolva mais, ainda que esse despertar demore muito a se consumar. Em suma, não podemos subtrair a liberdade da nação. Afinal de contas — concluiu Jamar, colocando a mão sobre o ombro de Dimitri —, cada povo tem os governantes que merece; tal é uma lei que não podemos burlar.

— Que venham os desafios! — exclamou Astrid, segurando firme a espada que trazia embainhada. Ela fitou Watab e Dimitri e perguntou com um ar de sarcasmo: — Vocês por acaso têm mais notícias alentadoras ou felizes?

— Claro! — respondeu Watab. — Notícias dos nossos agentes. Eles têm se agrupado e se organizado melhor. Durante o nosso Encontro Mundial, apareceram pessoas dedicadas, e, ao longo das vivências realizadas, detectamos entre elas mais de trinta dispostas a ajudar sem pieguice e de maneira resoluta. Além disso, identificamos mais de cem com forte potencial de doação de ectoplasma, o suficiente para nos abastecermos energeticamente durante as nossas atividades, embora nem sempre todos eles saibam como fazer isso. Há ainda uns cinco com potencial genuíno para treinarmos como agentes, que poderão ajudar até em outras partes do mundo.

Diante da menção desses fatos e dessas conquistas, Astrid riu gostosamente, quase de modo malicioso, enquanto os demais guardiões ficaram sem entender a reação da guardiã. Jamar apenas meneou a cabeça, sugerindo que conhecia a motivação da amazona.

— Assim sendo, teremos de testar alguns dos nossos agentes — retomou Watab.

— Prontifico-me a ficar mais próximo dos agentes encarnados e a acompanhá-los nas provas pelas quais passarão — disse Dimitri. — Será dada mais uma oportunidade a um dos membros mais importantes do grupo de agentes. Uma prova de fidelidade, um teste absolutamente necessário. Veremos como se comportam os que dirigem os trabalhos; como se sai aquele que atua na base dos nossos parceiros. Avaliarei pessoalmente em que medida nossos aliados estão efetivamente preparados para enfrentar situações em tempos de batalha.

Watab tocou o braço de Dimitri e falou:

— Esse teste mostrará quem permanece ou quem sairá, mas, sobretudo, com quem podemos de fato contar.

— Tomara, meu caro! — tornou Dimitri. — Tomara que nossos agentes passem no teste. Espero sinceramente por isso.

— Pelo trabalho que temos de realizar, espero que sim — comentou Astrid.

— Pelo bem dos nossos projetos — acrescentou Mauá.

— Este é um momento histórico, amigos. O que ocorrer nos próximos meses definirá o futuro dos nossos agentes na Terra e do movimento mundial dos Guardiões da Humanidade.

ENTREMENTES, EM LOCAL DISTANTE dali, uma reunião fora convocada pelos agentes da oposição. Encontraram-se num hotel de luxo em Brasília, onde um dos parlamentares gostava de se hospedar. Para que se comunicassem em sigilo os deputados, os senadores e certo ministro de estado que conspiravam, fora comprado um telefone celular para cada um deles, reservado unicamente àqueles assuntos. Ao fim das tratativas, os aparelhos deveriam ser incinerados, e, assim, qualquer identificação ou rastreio seriam evitados. O objetivo era conversarem a respeito do perigo que corriam naquela onda de delações e colaborações judiciais e, por conseguinte, sobre como poderiam impedir o prosseguimento das ações desenvolvidas pela Justiça Federal em Curitiba.

Simultaneamente, em dimensão paralela, viam-se magos do conhecimento e especialistas em hipnose e comportamento humano às voltas com disputas intestinas em busca do controle cada vez maior sobre os homens, notadamente os que detinham poder. Os manipuladores de autoridades, empresários e industriais se aliavam em torno de um objetivo comum: enfrentar a Horda, a facção criminosa que intentava aplicar um golpe na estrutura reinante de poder, forjada pelos magos.

O local da assembleia era todo marcado com símbolos cabalísticos, que pareciam ter vida própria, pois saltavam das paredes e dos corredores da antiga caverna. O mobiliário era decididamente de aparência medieval, embora houvesse aparelhos de uma tecnologia mais avançada do que a humana.

Existiam até mesmo aparatos que oscilavam entre as duas dimensões da vida, de modo a estabelecerem uma ponte com computadores de homens que dominavam em determinados países. Os cientistas e especialistas das sombras conseguiam, por meio daquele mecanismo da técnica astral, bastante avançada para os padrões humanos, entrar no sistema conhecido como nuvem, na internet, e modificar certos arquivos, deixando tudo registrado para posterior acesso pelos homens. Felizmente, o alcance daquele recurso era limitado até o momento. Tal tecnologia estava em franco desenvolvimento; no entanto, pretendiam testá-la nos equipamentos aos quais haviam se acoplado, na zona intermediária entre dimensões.

A reunião dos artífices das sombras se realizava em paralelo ao encontro secreto entre parlamentares e o alto escalão do governo federal. Ainda que vibratoriamente em outra dimensão, o lugar guardava correspondência com o hotel onde os políticos conspiravam no mundo físico.

O concílio das trevas traçaria estratégias para deter os emissários da justiça e salvar os representantes da maldade no mundo. Porém, os senhores da escuridão não contavam com um fato: um dos agentes encarnados, desdobrado, disfarçado de mago, estava ali, participando com eles, os donos do poder. Tudo era gravado, e todos eram observados.

"Eu formo a luz, e crio as trevas; eu faço a paz, e crio o mal; eu, o Senhor, faço todas estas coisas. Destilai, ó céus, dessas alturas, e as nuvens chovam justiça [...]. Ai daquele que contende com o seu Criador!"

Isaías 45:7-9

na noite mais escura, na treva mais densa...

Capítulo 5

um recanto do salão obscuro, dentro da ampla caverna, encontrava-se pensativo aquele espírito obstinado em processos de obsessão, especializado em causar desespero em meio a políticos, empresários, dirigentes de bancos estatais e demais peças-chave do sistema financeiro. Ele estava prostrado em cima de uma pilha de livros antigos, velhos, cujas capas se mostravam danificadas, e as folhas, amarelecidas. Todos se apresentavam impregnados de poeira, bolor e resquícios de matéria pútrida acumulada dentro da base dos magos. Situado, vibratoriamente, abaixo do hotel de luxo escolhido pelo senador para reunir-se com seus cúmplices, o lugar obscuro no interior da caverna abrigava monturos e monturos de lixo mental em forma de imagens desconexas e elementais artificiais[1] medonhos, cuja egrégora desagradável extrapolava o entorno.

O espírito infeliz refugiara-se ali depois de enfrentar dois guardiões que o impediram de incri-

---

1. Cf. "Elementais artificiais e naturais". In: PINHEIRO, Robson. Pelo espírito Joseph Gleber. *Além da matéria*: uma ponte entre ciência e espiritualidade. 2. ed. rev. Contagem: Casa dos Espíritos, 2011. p. 151-161.

minar uma pessoa inocente. O intuito era distrair a atenção do Ministério Público Federal em relação ao verdadeiro autor do crime, seu protegido, que, pelo jeito, não lograria escapar dos tribunais, afinal. Resmungava baixinho, sofrendo antecipadamente, pois sabia como eram tratados todos aqueles — e, por consequência, como seria ele próprio — que falhassem na tarefa que lhes tivesse sido designada pelos poderes do submundo.

Mesmo de longe, observava o homem que fora libertado, pelos guardiões, de suas garras e de seu plano diabólico, enquanto balbuciava:

— Lá se vai o miserável... Que farei? Como justificar perante os senhores da escuridão o meu fracasso?

Um bando de seres abjetos do submundo fazia companhia ao perito em disseminar caos e desespero entre agentes políticos e econômicos. Ele se especializara nesse papel e prestava serviço em troca de ectoplasma, fornecido pelos senhores da escuridão, cuja finalidade era permitir que continuasse sentindo os prazeres carnais, pois havia mais de 100 anos que ele não descia ao mundo dos homens por meio de reencarnação. O lado dramático em tudo isso era que, caso falhasse em alguma missão a ele confiada, sofreria severas represálias por parte dos seus aliciadores e contratantes.

O séquito de comparsas e escravos fazia-lhe companhia ora resmungando, ora fazendo algazarra. Eram espíritos imundos, que, pelos motivos mais fúteis, subitamente gritavam e trocavam ofensas entre si, parecendo bêbados, para logo se calarem e, depois, começarem tudo de novo. Imantados de um magnetismo primário, formavam uma malta de variados matizes, entre espíritos de torturadores, incitadores, perturbadores e afeitos a golpes dos mais vis. Aliciavam com êxito humanos que tinham sintonia com seus vícios mais loucos e abomináveis. Repentinamente, porém, foram reduzidos quase à metade, dispersos pelos quatro ventos. Com o efetivo reduzido, todos estavam mais nervosos, medrosos e repletos de angústia e inconformação do que nunca, devido à vergonhosa derrota sofrida próximo ao gabinete de um juiz, onde os guardiões os venceram e de onde foram varridos.

Aflição era a alcunha da qual se sentia orgulhoso o espírito especialista, desde que a recebera de um dos seus contratantes. Agora, porém, era ele próprio que sentia a desesperança tomar conta de si. Não era para menos: além do fracasso retumbante, era a primeira vez que se encarregava de uma causa contratada diretamente pelos temíveis magos.

— Estou perdido! Meus mais fortes e hábeis subordinados foram dissipados pelos miseráveis servidores do Cordeiro. Meus mais exímios especialistas, que demorei décadas a formar, foram todos dispersos. Logo os melhores!... Cada um deles, capturado irremediavelmente pelos sentinelas da justiça.

De repente, no auge da aflição, uma força descomunal jogou-o para longe. Um forte soco arremessou-lhe o corpo franzino, deixando-o arrebentar-se contra a parede. Deslizou-se choramingando perante os poucos sequazes que restaram.

— Pare com essa vergonha toda, miserável! Você não é digno do que investimos em você. Não merece sequer comandar esse mísero bando de demônios que você diz dominar. Você me causa repugnância, seu desgraçado!

— Amon-Saat, meu senhor! Mas os guardiões estavam lá!

Amon-Saat, um dos mais temidos magos daquele covil de espíritos bárbaros, mais parecendo um bizarro personagem de contos de terror, digno das visões de meu amigo Lower, portava-se de maneira desajeitada. Corcunda, rosto carcomido, marcado por mil rugas, ostentava uma capa rota, suja de uma lama verde e fétida, que respingava aqui e ali enquanto tentava caminhar, arrastando-se nos corredores daquela escuridão quase palpável e material. Amarelos, os olhos vagavam sem parar, como se estivesse prestes a enlouquecer. Os dentes, afiados e muito amarelados, remetiam ao consumo compulsivo de tabaco ao longo de décadas e décadas a fio. Indignado, bufante, o mago coçava-se todo, arranhando com suas unhas o próprio corpo, mas com uma força descomunal, apesar de tão caricato e repugnante.

— Você fracassou, seu miserável! Bem se nota por que recebeu a alcunha de Aflição; um chefe e especialista que se preze jamais receberia esse nome infantiloide. É o retrato de sua alma! Você sabe muito bem que a nenhum de nossos recrutados é dado falhar em qualquer missão. Dependemos de que façam o trivial bem feito, e você, sua múmia dos infernos, não fez mal feito nem bem feito. Incompetente!

Outro mago, Egbá, que vinha logo atrás de Amon-Saat, comentou o ocorrido:

— Se a tarefa tivesse sido concluída com êxito, por certo o infame teria recebido um prêmio e outra missão ainda mais relevante.

— Ele é um fracasso! — arrematou um apoplético Amon-Saat.

Aflição procurou argumentar, na tentativa de se livrar da pena que, tinha convicção, seria imposta pelo mago:

— Os guardiões são muito poderosos, meu senhor! Minha trupe lutou bravamente contra os emissários da justiça. Além do mais, havia representantes dos guardiões desdobrados, que entraram na luta repentinamente, sem que esperássemos. Ainda contavam com outra equipe de aliados à distância, que rezava para lhes dar suporte. Contra as orações, o senhor sabe, não podemos quase nada. Em todos os aspectos, os guardiões são muito mais fortes. Formavam um exército celestial, e, contra isso, nada pudemos, meu amo e rei.

Amon-Saat mirou profundamente os olhos de Aflição, cheio de um ódio inenarrável. Voltou-se imediatamente após para Egbá, o mago antigo, como a pedir ajuda, mas tinha de convir, embora detestasse: o demônio especialista estava coberto de razão. Quase nada podiam fazer quando os agentes da justiça resolviam se unir em oração. Com tal atitude, fortaleciam os guardiões, os quais, por si sós, eram invencíveis no combate corpo a corpo. Restava-lhes aprender com as derrotas sucessivas que amargavam e, então, conceber novas táticas. Entre elas, jamais enfrentar os guardiões de corpo aberto, no campo de batalha. Precisavam ser mais ardilosos e sagazes na metodologia adotada. Em suma, não havia como contradizer o especialista perante os demais — e isso era constrangedor. Além do mais, ele falhara, o que era imperdoável.

Amon-Saat caminhou cambaleante ao longo do corredor fétido. Estava visivelmente abalado com a derrota sofrida pela malta incumbida de incriminar o sujeito defendido pelos guardiões no mundo físico. Era fundamental que lograssem êxito, a fim de que o homem forte e Ella tivessem um trunfo nas mãos, pois eles ainda poderiam ser úteis ao mago num plano B. O ódio consumia sua alma.

— Conseguimos macular o nome do homem que era nosso alvo. Atacamos sua família e fizemos o possível para espalhar o desespero entre dirigentes bancários e investidores, no intuito de causar pânico no país — clamou o espírito imundo para o mago Amon-Saat, em nova tentativa de justificar-se e, quem sabe, assim obter clemência. — Os planos do projeto criminoso de poder estão se concretizando, embora lentamente, mas avançam, sem dúvida!

Ao notar que tinha argumentos sólidos, já mais recomposto, Aflição ousou um passo além:

— Meus senhores aqui estão sem saber o que fazer perante o outro grupo, a Horda, abatidos por erros que cometeram e pela lentidão em tomar decisões. Agora afirmam que o plano foi prejudicado devido à minha derrota perante os guardiões? Tudo atribuem a mim e à minha trupe?

Amon-Saat soltou um brado dificilmente contido, cheio de uma raiva descomunal, ao ser confrontado pelo miserável ser, que falhara estupidamente. Aflição ultrapassara todos os limites, sobretudo por se aventurar ante Egbá, um dos magos mais perigosos e antigos entre todos os senhores daquela liga da escuridão. Amon-Saat não poderia aceitar tamanha afronta; voltou-se aos berros em direção ao ser lastimável, uivando como um lobo. O especialista em fomentar desespero então foi tomado de desespero agora que começava a se dar conta de que se excedera.

Amon-Saat fixou o olhar de longe. A infeliz criatura não teve como se safar do magnetismo robusto do mago das profundezas. A mente de Aflição nublava-se por completo. Enquanto isso, o restante da súcia espreitava na escuridão, com um medo indizível do que estava por ocorrer ali. Arrastaram-se parede acima, tal como um bando de lagartixas e outros bichos imundos dos subplanos das regiões ínferas. O especialista perdia lentamente o controle sobre seus pensamentos à medida que o mago o submetia a seu magnetismo de baixíssima frequência. O corpo espiritual do ser infeliz contorcia-se, ele espumava, e lhe saíam vapores estranhos por todos os poros da epiderme em transformação. Gritava, uivava, grunhia e convulsionava a estranha criatura, enquanto o mago pronunciava uma série de palavras em um dialeto há milênios esquecido. A entidade, enfim, tombou ao chão, já não mais na feição humana ou semi-humana com a qual se apresentava. Transformara-se num reptiloide, uma forma subumana; ter-se-ia convertido num ovoide não fosse a interferência do outro mago, que tinha pressa.

— Chega! Este verme nunca mais nos incomodará com suas palavras insolentes. — interveio Egbá, no fundo, no fundo, deliciando-se com a humilhação padecida pelo companheiro de desdita. Esboçou uma careta, que intentou fazer assemelhar-se a um sorriso, deixando uma baba esverdeada cair-lhe da boca fétida e deformada.

Na sequência, os dois juntaram-se aos demais do cortejo tenebroso para o concílio de lordes das trevas mais obscuras.

Assim que se assentaram nas cadeiras de espaldar alto, Amon-Saat e Egbá entreolharam-se com certo receio ao contarem os presentes ali, à assembleia das personalidades sombrias do abismo. Amon-Saat observou o número de participantes e constatou que era bem menor do que o esperado.

— Onde está Abdir?

— Resolveu retornar para seu antro na região do Califado — respondeu alguém da plateia diminuta. — Fugiu da presença dos guardiões quando do último embate.[2]

— E Rá-Muntinap?

— Os guardiões o transferiram para regiões ignotas. Acredito que esteja magneticamente preso às

2. Cf. PINHEIRO. *A quadrilha*. Op. cit. p. 242-264.

regiões abissais ou, talvez, num universo paralelo — sugeriu Endoor.

— Antrap-omar, Abdiaalá, Baar-ben-Or, Lilith-Ó-Darián?

— Todos sumiram em meio à batalha com os guardiões. Não mais os vimos. Parece que dispõem de uma magia especial, algo tão poderoso que desconhecemos. Esses ilustres senhores da maldade foram sugados por um buraco aberto no contexto do espaço-tempo. Trata-se de uma tecnologia que nossa magia é incapaz de sobrepujar.

Amon-Saat mirou todos os presentes, pouco mais de meia dúzia de participantes, e todos puderam ver um esgar de crueldade e ódio perpassar sua face macilenta. No entanto, não poderia admitir a derrota. Jamais!

— Em pensar que conferi uma missão tão simples a esses miseráveis! E Abdir resolve, então, debandar para seu reduto de trevas e nos abandonar... Era apenas um crime comum o que encomendei, uma morte torpe e violenta, tão somente, até que os guardiões surgiram com seu séquito maldito! Que fizemos de errado? Confiança na capacidade dos senhores da escuridão? Por que alguns simplesmente não conseguem cumprir o programado? Um crime comum, uma morte apenas... nada demais. Qualquer um aqui já assassinou muito mais do que uma cidade inteira como esta sobre nós.

— Quando o chefe de legião souber do que aconteceu... — principiou Egbá.

Amon-Saat estremeceu de ódio, mas resolveu não o demonstrar ali, perante a assembleia fracassada, pois assim estaria se expondo diante do concílio do mal.

— Quem sabe o espectro deva justamente entender o que nos sucedeu. Talvez, assim, envie-nos esforços com urgência — cogitou Ankar-Arian, o mago da antiga Pérsia.

— Não se atreva, miserável das profundezas! — respondeu Amon-Saat, severo e colérico. — A força e a crueldade de um espectro são muito maiores do que nossa força e nosso ódio somados. Ele dizimaria todos nós.

Após respirar fundo e babar feito um animal raivoso, continuou:

— O bom nisso tudo é não termos que dividir o poder com os que foram abatidos pelos carolas do Cordeiro.

— Todavia, há um agravante — ponderou Egbá,

como a desafiar indiretamente a liderança de Amon-Saat. — Sem eles, os magos que desapareceram ou fugiram, ficamos mancos, desprovidos das informações que detinham em seus bancos de dados e manuscritos. Portanto, falta-nos clareza quanto aos lances, aos planos e às estratégias. Afinal, sem uma estratégia, não conseguiremos levar avante nossa ofensiva no Brasil.

— Recordemo-nos que o chefe de legião, que é o mesmo que nos acompanhava discretamente, observando-nos nos últimos acontecimentos,[3] está agora integralmente envolvido na Venezuela. Ele quer subjugar a multidão e opera diretamente do Palácio de Miraflores, a fim de promover a derrocada definitiva dos opositores ao regime do país. Quer perpetuar o clima de guerra civil, a animosidade e as condenações forjadas, bem como os abusos e as torturas levados a cabo às escondidas, uma vez que necessita do ectoplasma das vítimas, tão impregnado da dor e do sofrimento de que padecem, de modo a empregá-lo em seus planos diabólicos de domínio e poder.

3. Cf. PINHEIRO. *A quadrilha*. Op. cit. p. 29.

— Tal intento ele não conseguiu aqui, neste país tupiniquim deplorável — assinalou outro mago. — Seja como for, dispomos de um trunfo nas mãos: os líderes sindicais e sua corja. Em breve os colocaremos em ação e veremos se, enfim, haverá derramamento de sangue, uma guerrilha, um levante popular instigado por eles...

— Se isso ocorrer, atrairemos novamente o espectro. Acredito que nenhum de vocês o quer ministrando desde o Planalto ou a Alvorada, ou querem?

— Não! — gritaram todos, em uníssono.

— O mando é nosso, por direito nos pertence, pois desde o descobrimento desta terra aportamos aqui, junto com os que para cá vieram reinar e dominar — falou um dos magos, para quem era inconcebível descer degraus na hierarquia de poder das regiões inferiores, sedento que era por expandir sua ascendência na superfície.

— Pois bem, digníssimos senhores! Devemos tratar do assunto que nos trouxe até aqui — retomou Amon-Saat, que, naquele momento, presidia a liga desfalcada e derrotada. — Urge assumir as rédeas dos acontecimentos na nação, e, para isso, é inescapável desvendar de onde vieram e por quem foram convocados os integrantes medonhos da Horda. Juro, pelo príncipe dos maiorais, que os submeterei à minha férula e reinarei sobre todos eles — bradou o mago, com mais soberba do que convicção, ressentindo-se tanto da humilhação imposta pelo comando dos guardiões como da insolência de Aflição, poucos minutos antes.

Naquele momento, uma voz proveniente sabe-se lá de onde, em tom gutural e aterrador, como se adviesse das cavernas mais profundas, fez-se ouvir por todo o salão:

— E quem é você para proclamar tais juras? Quem são vocês que se insurgem contra um chefe de legião? Com quem acham que estão a lidar?

A voz repercutiu na mente de cada um, deixando-os arrepiados, estupefatos e, no caso de alguns deles, com um medo indizível. Era nada mais, nada menos que o temível espectro, que parecia ouvir tudo e todos, mesmo a uma distância desconhecida.

A partir de então, era inegável constatar que não estavam sozinhos ou sequer no pleno controle da própria privacidade, embora lhes custasse demais confessar tal fato. Havia elementos ainda mais graduados que os senhores da escuridão, dotados de vívido interesse pelos eventos ali planejados, cujo alvo eram os homens reunidos na superfície, os quais, por sua vez, também se envaideciam do exercício do poder que lhes competia e, à semelhança de seus mentores daquele concílio, criam-se capazes de manipular e dirigir os acontecimentos a seu bel-prazer.

LONGE DALI, OUTRO GRUPO se reunia e determinava afazeres para seus integrantes:

— Você, chefe da milícia — designou com voz potente o que parecia ser o comandante da Horda de seres trevosos —, vá ao encontro dos líderes sindicais e dos grupos de ativistas. Quero um relatório completo sobre as atividades deles, buscando identificar os mais expressivos e desenvoltos na liderança popular atualmente. Quero saber com quem podemos contar, bem como quais são seus impedimentos, suas barreiras e crenças, pois destacarei alguns de nossos mais ousados obsessores a fim de que quase se incorporem neles, em tempo integral, assenhoreando-se de seu psiquismo e compelindo-os a agir conforme nossa vontade. Para tanto, devo conhecer quais líderes conseguem captar nossos pensamentos e em que medida se mostram aptos a responder prontamente à voz de comando que os submeterá.

Depois de dar outras instruções e deliberar acerca de quais espíritos comporiam aquela comitiva, voltou-se para o grupo como um todo:

— Que se apresentem juristas, advogados, juízes e especialistas nas leis brasileiras e venezuelanas. Vamos assediar diretamente parlamentares e agentes da lei em ambos os países. Temos dois alvos principais a atingir e, para tanto, urge imiscuir-nos na mente de procuradores e autoridades judiciais e policiais que porventura se interponham entre nós e a consecução de nossos planos.

A princípio, onze espíritos se manifestaram. Um deles pediu para ser secundado pela própria equipe, com a qual estava habituado a trabalhar desde os primórdios da Era Vargas, tendo sido prontamente atendido pelo chefe em comando. No total, foram arregimentados mais de vinte especialistas na área legal e jurídica.

— Tenham uma coisa em mente: não digladiaremos frente a frente com os guardiões da humanidade nem com seus pupilos no mundo. Nossa tática é mais sagaz. Não adotaremos o método de ação do outro grupo, pois está provado que sucumbiríamos no combate aberto.

Os associados à Horda entenderam perfeitamente as instruções. Afinal, não somente os ali reunidos, mas toda a caterva deveria adotar táticas diferentes, a fim de se furtar aos emissários do Cordeiro e de Miguel.

— À minha direita, posicionem-se especialistas em internet e em comunicação. Quero atacar em três frentes. A primeira delas é o meio político, obviamente. A segunda é a das mídias em geral, incluindo jornalismo e imprensa. Em ambos os casos, a estratégia consiste em acentuar a ótica que nos interessa sobre os fatos e induzir o mínimo de objetividade possível ao abordá-los. Além, é claro, de fomentar sucessivas distrações e histerias, de modo a tirar o foco das discussões sérias, que poderiam provocar alguma mudança desfavorável a nosso projeto de poder. Quanto mais confusão, menos clareza e mais inversão de valores, melhor. Uma sociedade sem balizas e com uma superexcitação das emoções produzirá um gênero de reação fértil para nossas intromissões.

"Por último, entre especialistas dessa área, quero os melhores em acirrar intrigas, fofocas e confusões. Em particular, caberá a esta divisão atacar os agentes dos guardiões, estimulando brigas e discussões entre eles, principalmente por meio da internet e das chamadas redes sociais. Quero que se percam, que percam de vista os objetivos que os norteiam e que se esqueçam do motivo pelo qual foram chamados, abandonando, ainda, o hábito de orar."

Trinta e dois espíritos se prontificaram — cinco dos quais, com sua própria equipe de especialistas em redes sociais. O poderoso espírito da maldade ficou satisfeito. Nesse aspecto, também adotaria tática diversa da que levara magos e facções anteriores ao insucesso. Inovação era a palavra de ordem ao investir contra tudo e contra todos os inimigos.

— Notem que os guardiões não podem fazer nada contra nós sem a ajuda dos seus agentes. Por isso, é imperativo promover dissidências entre estes, encorajando o sectarismo e a divisão em grupinhos rivais. A força da oração é o que dá suporte aos guardiões, portanto, é crucial fazer com que parem de rezar. Na verdade, instigar uns contra os outros não é difícil; basta atiçar o ego, a vontade de aparecer e ser melhor que os outros. Portanto, fiquem à vontade, mas lembrem bem — recomendou com ênfase aos ouvintes —: não os enfrentem abertamente em hipótese alguma. O objetivo é provocar desentendimentos, e isso será o bastante. Apenas plantem a semente da discórdia; o restante cada um adubará com o próprio esterco.

Sem mais delongas, passou a enumerar as demais equipes que comporiam a grande ofensiva a ser levada a cabo pela Horda contra o Brasil, contra as conquistas civilizatórias e sociais, contra os pilares da nação, da democracia e do estado de direito, manipulando os anseios e os desejos difusos da população em seu próprio desfavor.

Em meio aos convocados ali presentes, dois chamaram a atenção dos assessores mais próximos àquele que comandava a estratégia de guerra da Horda. Dois espíritos, enviados do Estado Islâmico, traziam a estrela e o quarto crescente estampados no peito. Aproximaram-se do dirigente das sombras à primeira oportunidade:

— Queremos reivindicar um lugar na sua equipe. Sabe bem que temos um projeto em andamento neste país e em alguns outros deste continente.

— Vocês fazem parte de meus planos e do que foi encomendado para nós. Entretanto, peço que aguardem um momento mais, até que minha Horda possa substituir os seres que hoje estão por trás da maioria dos processos de intrusão psíquica de políticos e poderosos desta nação. Dentro em breve vocês terão um papel de destaque por aqui. Aliás, o esquema do terrorismo internacional é parte essencial do programa — no entanto, após breve pausa, resolveu ponderar. — Façamos o seguinte: desde já, quero-os junto com determinados líderes que já trazem a alma corrompida. Começarão atuando sobre esses alvos. Ao me provarem do que são capazes, e tão logo obtenham as primeiras vitórias, conversaremos a respeito de seu projeto pessoal.

Os dois espíritos aquiesceram. Retiraram um pequeno equipamento de um bolsão escondido em suas mantas e passaram a anotar planos e observações.

— A hora da ação chegou, senhores! — voltou-se novamente o chefe à plateia, ora dividida em falanges e grupamentos, que sempre contavam ao menos com dois especialistas e um oficial militar de comando que haviam provado sua crueldade em batalhas pretéritas.

A Horda, então, levantou voo nos fluidos ambientes, não muito alto, pois não dominava suficientemente o controle mental para volitar a grandes alturas. Muitos deles empregavam recursos da ciência sombria, da tecnologia desenvolvida pelos cientistas da escuridão, a fim de elevar-se ao ar e locomover-se com a ajuda de equipamentos.

JAMAR OBSERVAVA DE LONGE o movimento das forças tenebrosas. De cima da Torre de TV, um dos pontos mais altos da capital federal, ele mantinha-se atento, enquanto um destacamento de guardiões pairava sobre a Praça dos Três Poderes. Brasília era palco de enorme atividade energética, que não poderia ser ignorada. Conectada a outro ponto do planeta, era preciosa fonte natural de abastecimento para os empreendimentos dos guardiões.

Ao longe, os guardiões avistaram os seres da Horda partindo em diversos grupamentos, cada qual se dirigindo para um ponto do país. Nitidamente, o que inspirava maior preocupação era determinada delegação que rumava à Região Sul. Tinha planos bem-elaborados e táticas traçadas com precisão, portanto, os emissários do Cordeiro deveriam lhe dedicar todo o cuidado.

"Um pouco de fermento leveda toda a massa."

GÁLATAS 5:9

"Então eles, vendo a ousadia de Pedro e João, e informados de que eram homens sem letras e indoutos, maravilharam-se e reconheceram que eles haviam estado com Jesus."

ATOS 4:13

tática de guerra

Capítulo 6

ão há como disfarçar a atuação de forças espirituais por trás dos acontecimentos políticos e econômicos de todo o planeta. Mediante um breve olhar que se lance sobre o panorama social ao redor do globo, é possível notar que algo está em curso. Somente quem é desprovido de qualquer concepção de vida extrafísica, sem a mais leve noção de como os espíritos interagem com os humanos da Terra, é que deixaria de constatar que estão em jogo forças poderosas e transcendentes no cenário internacional.

"Desde a Síria, o Irã e o Iraque, no Oriente Médio, até a Venezuela e o Brasil, na América do Sul, passando pela Rússia e pela Turquia, na fronteira da Europa com a Ásia, pela China e pela Coreia do Norte, no Oriente, multiplicam-se os focos de conflito, culminando na implosão do próprio coração do velho continente, onde atentados, a exemplo dos ocorridos em Paris, Londres e Berlim, são apenas a face mais visível de um fenômeno cultural sem precedentes. Não há como menosprezar o emaranhado de problemas jamais vividos assim, de modo tão intricado, neste primeiro quarto do século XXI. Será sensato atribuí-los todos apenas à mão do homem encarnado? Sem dúvida, há quem sustente essa posição curiosa."

Mauá se dirigia a uma assembleia de espíritos que se diziam mentores em atuação no movimento espírita, ou seja, espíritos espíritas, cuja maioria permanecia alheia aos desdobramentos políticos e econômicos da atualidade e suas consequências sociais e espirituais para a humanidade. Com exceção de alguns mais esclarecidos, tal como Eurípedes Barsanulfo [1880–1918], Bezerra de Menezes [1831–1900] e outros poucos, os demais teimavam em ver apenas a face religiosa, a expansão da Doutrina e a necessidade de se desenvolver e aprimorar a prática das ideias espíritas, porém, tão somente no contexto da vida individual e moral, prezando pela caridade e pelo socorro espiritual como missões únicas a que o espiritismo se destinasse ou aspirasse.

Mauá fora convidado por Bezerra a falar àqueles espíritos e ali comparecera acompanhado de uma comitiva de guardiões. Na nova vida, tendo abdicado dos antigos títulos de barão e visconde, que a morte levara, era chamado pelos amigos apenas de Mauá — um empreendedor, como sempre fora, mobilizado até a alma pelas questões de interesse nacional. Continuava sua exposição, esperando despertar na plateia alguma reação que pudesse, em última análise, instigá-la a ajudar os homens a participarem mais ativamente dos lances globais que estavam por definir o destino do Brasil e do concerto das nações.

— O mundo está em guerra. Nós estamos em plena guerra espiritual, uma guerra muito mais ampla do que as guerras físicas, as quais se consumam na esfera bélica e militar. Isso porque as armas empregadas no conflito a que me refiro são as que permeiam a batalha de ordem celestial retratada no Apocalipse e, em certa medida, na Bíblia como um todo. Dadas a importância e a magnitude desse confronto cósmico, que marcha a passos largos rumo a seu ápice, urge levar aos homens, notadamente aos espiritualistas em geral, o conhecimento das estratégias utilizadas pelos opositores ao progresso no mundo.

"Ante as investidas dos donos do poder no submundo, na escuridão — os quais a tradição achou por bem sintetizar na célebre figura do dragão —, principalmente a busca em agirem por meio de suas marionetes prediletas no mundo, isto é, os políticos, os poderosos e os senhores do dinheiro, faz-se necessário estudar sobre táticas de guerra, naturalmente sob o enfoque espiritual.

"Nesse sentido, é inadiável compreender conceitos tais como os de *tática* e *estratégia*, bem como procurar formas proveitosas de lançar mão dessas ferramentas de planejamento e ação neste contexto em que Cristo é o comandante supremo, uma vez que ele próprio asseverou: 'Não vim trazer paz, mas espada'.[1] Entendendo o sentido retórico de suas palavras, deveríamos investir no esclarecimento de todo agente do bem, da justiça e da misericórdia sobre as artimanhas empregadas pelos inimigos do progresso e da humanidade nesta guerra espiritual da qual somos parte, quer queiramos, quer não. Num campo de batalha convencional, a maior prioridade é saber sobre estratégia e, assim, alcançar a vitória sobre o inimigo."

Vendo que despertara a atenção de alguns dos mentores ali presentes, prosseguiu, motivado pelo olhar de Eurípedes:

— Quer tratemos de uma guerra convencional, como as que se dão entre nações da Terra, que se enfrentam por motivos políticos, ideológicos ou econômicos, quer tenhamos em mente a guerra à moda contemporânea, contra o inimigo difuso chamado

1. Mt 10:34.

terrorismo, compreender o conceito de estratégia de guerra poderá significar a diferença entre vitória ou derrota, em qualquer campo disputado. Situação análoga se dá quando nos referimos ao que se vê no âmbito da segurança pública nas cidades humanas, onde comandos da polícia enfrentam quadrilhas de traficantes, marginais e grupos de extermínio. Não é diversa a realidade no que tange às esferas econômica, social e profissional, nas quais se sucedem acirradas disputas de mercado, de dinheiro, de poder ou de qualquer outra natureza, lembrando que, hoje, o campo de batalha se estende também para a internet.

"Os guardiões e a convivência com eles têm nos ajudado a entender a arte militar, que abrange todos os departamentos da vida, inclusive o da vida espiritual. De que modo escolher aspectos como onde, quando e com quem travar um combate ou uma batalha? Como aplicar os meios e os instrumentos disponíveis, tais como os recursos modernos do magnetismo, da apometria, do desdobramento, visando à realização de objetivos espirituais específicos? Esse ponto de vista, de estratégia militar, pode ser empregado em qualquer empreendimento humano, do âmbito profissional até, no outro extremo, os embates espirituais."

Muitos ficaram inflamados com o discurso de Mauá, apesar do olhar reprovador de um e outro, sobretudo quando Mauá se referiu à apometria, ao desdobramento e ao magnetismo. Ele mais parecia falar para uma academia militar da Terra do que para uma reunião de espíritos que se julgavam espiritualizados. De qualquer forma, como a maioria dos presentes fora convidada por Bezerra e Eurípedes, não houve quem se atrevesse a manifestar contrariedade publicamente.

Retomou o orador:

— Como sabemos que inteligências pertinazes e criminosas intentam dominar os homens na Terra por meio da coerção, em um processo obsessivo de graves proporções, convém estudar em pormenores as estratégias dos conhecidos e temidos magos negros ou senhores da escuridão, entre outros. Ao fazermos isso, compreendemos o porquê do grande interesse desses espíritos em suscitar uma guerra nuclear, por exemplo. Entendemos, também, a urgência de mobilizar recursos espirituais e treinar médiuns em desdobramento para atuarem em lugares como Síria, Coreia do Norte e Irã, apenas para citar os casos mais graves.

"Se porventura estendêssemos nossa visão para além dos muros do centro espírita, decerto poderíamos ajudar com muito mais versatilidade e amplitude aqueles benfeitores espirituais que conduzem e operam o processo de reurbanização do mundo astral, tendo em vista a seleção dos espíritos que serão expatriados do orbe. Ou seja, caso tomássemos a mensagem do Cordeiro não como uma plataforma meramente religiosa, muito menos psicológica ou sentimental, mas como o enunciado de uma política cósmica que ela, de fato, constitui; caso interpretássemos o Evangelho e as profecias do apóstolo João não somente como um chamado à mudança interior, mas também — e, neste momento de juízo, acima de tudo, ousaria dizer — como exortação para o envolvimento com a transformação do panorama mundial, que se dá também pela defesa aguerrida das conquistas civilizatórias de que usufruímos; por certo colaboraríamos com um pouco mais do que oferecemos hoje, isto é, quase nada."

Eram notórios a ênfase e o entusiasmo de Mauá nas palavras escolhidas para despertar da letargia aqueles na plateia que jamais haviam pensado na mensagem de Jesus naqueles termos. Ele prosseguiu, dando leve inflexão ao tema abordado:

— Se desencadeada uma guerra nuclear, devido à intensa radiação atômica que seria liberada e ao elevado teor emocional das pessoas que desencarnariam em um conflito desse porte, com certeza as energias irradiadas não seriam desprezadas, e o proveito não atenderia ao bem da humanidade, para empregar um eufemismo. Imaginem as formas mentais de sofrimento, ódio e revolta aglutinadas em simultâneo em decorrência do número espetacular de vidas ceifadas violentamente, na casa das centenas de milhares ou, talvez, dos milhões de almas, que seriam expulsas do corpo físico em situação calamitosa... Aliás, a magnitude de um evento assim constitui um problema que, por si só, já não é menos grave do que o emprego em massa de armas químicas, para citar outra circunstância crítica — esta, lamentavelmente, com diversas ocorrências registradas na história recente.

"Em suma, ninguém há de supor que uma emanação de ectoplasma com tal teor emocional e em tão grandes proporções não seria aproveitada e manipulada pelos dragões e seus asseclas, os espectros, bem como pelos magos primitivos, entre outras facções do submundo. Essa é uma das razões por que esses seres se empenham em provocar guerras em geral e nucleares em especial, pois são formas de obterem o combustível para desenvolver sua tecnologia nefanda e, assim, construir e dar forma aos mais diversos aparatos, desde clones de governantes e cientistas até cidades astrais inteiras.

"Além do mais, o produto da radiação desencadeada em tal cenário, somada às vibrações densas e à egrégora de sofrimento agudo, guarda propriedades que permitem a sua preservação e o seu armazenamento dentro de moldes criados pelos magos negros originais e por demais servidores dos dragões. Com base nesse aspecto, há um paralelo que deve ser considerado. Fenômeno análogo ao descrito até aqui ocorre neste momento histórico do nosso país, o Brasil, com o qual todos aqui temos um compromisso mais estreito. A inquietação e a insatisfação duradouras da multidão, quando impelidas a níveis importantes na forma de um clamor popular revoltoso, exsuda determinado tipo de energia em dado volume, que, por si só, já é o suficiente para provocar graves disputas entre facções do mundo astral, as quais buscam recolher e estocar tais emanações.

"Sendo assim, pergunto: que providências têm tomado os dirigentes espirituais encarnados a fim de esclarecerem os médiuns e os trabalhadores acerca desses aspectos da realidade que enfrentamos? Em termos de trabalho espiritual, temos deparado com quais iniciativas cujo objetivo seja ajudar no procedimento de limpeza energética por que passa o planeta? Quais centros espíritas adotaram, por exemplo, este ou aquele país em suas reuniões mediúnicas? O mesmo vale para este ou aquele líder, governo ou instituição nacional. Todos requerem e oferecem largo campo de auxílio, do ponto de vista vibratório, em reuniões específicas de desobsessão, apometria ou magnetismo.

"Enfim, meus caros! Os guardiões da humanidade clamam por ajudantes, por auxiliares conscientes e obstinados, que estudem, aprofundem-se e capacitem-se a atuar no mundo neste momento especial em que vivemos."

Após deixar a plateia de espíritos relativamente abalada com o chamado ao trabalho mais abrangente, conforme era seu objetivo, o antigo Visconde de Mauá discorreu sobre o verdadeiro golpe em andamento no Brasil, quanto a algumas de suas facetas.

— Muito mais complexo do que os fatos que emergem do mundo político — com as devidas implicações judiciais — é o golpe dos bons deixando de se manifestar, entregando-se à incúria e à leniência. Trata-se de um golpe ou uma sabotagem de proporções épicas, pois implica deixar que o mal prevaleça à medida que corrói os fundamentos que definem a própria bondade. Quando dirigentes e trabalhadores que se dizem apologistas de Cristo permanecem em silêncio, passivos diante da ousadia e das ofensivas dos maus, um golpe contra o Reino está em curso.

"Quando todo um planeta atravessa momentos graves, que são anunciados e profetizados há anos — a ocasião do juízo —, e nem sequer os seguidores da mensagem renovadora pensam em como se engajar, em como massificar o conhecimento e treinar seus médiuns e trabalhadores visando auxiliar neste momento único na história humana sobre a Terra... Talvez seja esse o golpe em andamento, sem o concurso dos maus, mas dos que se dizem bons e, não obstante, permanecem calados, impassíveis, sem se manifestar, lutar e participar de forma ativa da transformação da própria sociedade."

Terminada a fala de Mauá, apenas cinco dos presentes o procuraram. Cinco era o número total de espíritos preocupados o bastante com o andamento das coisas a ponto de se motivarem, entre todos aqueles representantes de movimentos religiosos, espiritualistas ao redor do globo que afirmavam seguir a Cristo. Mauá os encaminhou para falarem com os guardiões. Os demais mentores, com exceção, é claro, de quem os convidara, saíram discretamente, cada um à sua maneira, possivelmente absortos nos problemas de seus afilhados espirituais encarnados.

Mauá respirou fundo e falou para si mesmo, em voz alta:

— Ainda bem que não sou um espírito espírita! Graças a Deus! — e saiu rumo ao cumprimento de seus deveres.

— Vamos, Mauá, devemos tomar providências urgentes para adequar nossas táticas e nossa estratégia diante dos novos eventos que vêm à tona.

ERA NOITE, E DURANTE A NOITE, como os raios solares não incidem diretamente sobre as comunidades humanas, decerto é favorecida a ação de cientistas e peritos das sombras. Naquele momento, instigavam os homens a agirem de acordo com seus instintos mais primitivos, influenciavam-nos com formas-pensamento daninhas e procuravam fortalecer a sintonia destes com companhias espirituais funestas.

Era noite em Brasília, bem como em São Paulo e no Rio de Janeiro, onde inteligências sombrias invulgares buscavam seus elos com o plano físico. Duas entidades especialistas, acompanhadas de quatro espíritos da milícia dos magos, os conhecidos sombras, dirigiram-se para o setor hoteleiro da cidade, pousando justo no hotel onde um dos ministros se hospedava naquela noite. Depois de o procurarem sem sucesso na residência oficial, de lá se deslocaram para o hotel com a ajuda de mercenários contratados por seus comparsas.

Caminharam pelo corredor comprido do andar a que se destinavam. As entidades vis carregavam uma caixa pequena, quase minúscula, onde estava em repouso o instrumento de conexão mental que implantariam no sistema nervoso do ministro do Supremo Tribunal Federal. Havia apenas um espírito familiar ali presente, uma senhora, que, tão logo divisou as temíveis entidades, saiu assustada, devido à aura que irradiavam e que se refletia nas paredes do corredor e do quarto. O magistrado estava deitado, com um copo de alguma bebida ao lado da cama larga, coberta com lençóis requintados e de grande alvura.

— Preciso dele fora do corpo — falou um espírito para o outro que o ouvia, enquanto os que pertenciam à guarda negra dos magos prostraram-se quietos junto à porta do apartamento, espreitando. Olhavam de um lado a outro, talvez com medo de que os guardiões aparecessem repentinamente, colocando fim ao intento macabro. O especialista que assessorava aquele cientista deu um sopro forte, quase violento sobre a cabeça do ministro, imantando-o com um magnetismo primário. Logo em seguida, o ministro-espírito sobressaiu ao corpo físico, atordoado, sem alcançar completa lucidez. O ser da escuridão arrancou-o violentamente de dentro do corpo, jogando-o sobre o outro lado da cama de casal, enquanto o homem desdobrado gemia baixinho, fixando seu obsessor como se este fosse um demônio da escuridão mais profunda. Na verdade, ele não estava tão errado assim em sua concepção.

— Deite-se ao lado do próprio corpo, criatura — falou o espírito para o homem, que ocupava um dos postos máximos na corte suprema do país.

— Que farão comigo? Sabem quem eu sou?

— Claro que sabemos, idiota. Mas a pergunta importante é outra: você sabe quem você é? Sabe com quem está lidando e com quem se associou?

— Eu não me associei a ninguém, a nenhum outro político. Que esperam de mim?

— Associou-se, sim, seu verme de roupa preta. Deite-se! Eu ordeno pela última vez! — vociferou a entidade, exibindo algo que parecia ser uma larva pouco menor que a palma da mão, que, todavia, crescia segundo a segundo uma vez removida do receptáculo onde se encontrava. O homem desdobrado fixou aquela coisa, que ia estirando fios finíssimos a partir de si, como se fossem tentáculos, porém, mais se assemelhavam a fios que se moviam para todo lado, simultaneamente.

— Deite-se logo! — tornou a falar a entidade, enquanto seu colega conduzia o magistrado, petrificado de medo, para que, enfim, se deitasse ao lado do próprio corpo, ali, estirado na cama, meio jogado.

"Estou sonhando! Não! É um pesadelo; são meus medos mais profundos" — pensava o homem desdobrado, comportando-se ao revés da forma prepotente como agia quando circulava pelo tribunal.

Assim que o homem foi devidamente acomodado na cama, de bruços, pela entidade que trabalhava silenciosa, ao contrário do colega colérico, este movimentou a mão que segurava a estranha criatura ao longo da coluna do hospedeiro. Objeto de experiências nos laboratórios das sombras — meio ser vivo das profundezas, meio fruto da técnica do astral mais soturno —, a criatura enraizou-se pelos chacras do ministro. Penetrou por via perispiritual e, associando-se ao corpo, passou à coluna vertebral; na sequência, estendeu seus filamentos até o cérebro. Durante o processo, o homem desdobrado gritava assustadoramente, devido à dor aguda que sentia, cujo impulso se irradiava a partir dos chacras, repercutia pelo cordão de prata[2] e atingia em cheio os plexos nervosos, no corpo físico.

Imediatamente após a conclusão exitosa do implante, que se deu com o acoplamento do ministro-hospedeiro ao corpo físico, os dois especialistas e seus comparsas foram chamados pelo chefe da orga-

2. Cordão de prata: "substância semimaterial que liga e mantém o psicossoma ou perispírito ligado ao corpo físico ou soma" (PINHEIRO. *Além da matéria*. Op. cit. p. 105).

nização ao ponto de encontro previamente acertado.

— Estranho... Recebemos a incumbência de fazer mais implantes de simbiontes em outros ministros hoje ainda.

— Pelo visto, os planos mudaram repentinamente — comentou o outro especialista.

Cruzaram a cidade velozmente, tanto quanto podiam, pois se serviam de um veículo que mais parecia um traste qualquer encontrado nalgum ferro-velho. Mesmo assim, o veículo conseguiu erguer-se a alguns poucos metros do chão e deslocou-se, produzindo um ruído infernal e soltando uma fuligem de fluidos densos através de algo que outrora devia ter sido um escapamento. Aterrissaram ao lado de um auditório do Congresso, onde ficava a base da malta de que faziam parte. Logo rumaram ao ponto de encontro.

Contava-se mais de uma dezena de seres especialistas em diversas manobras do processo obsessivo complexo. O chefe da Horda falava, iniciando naquele exato instante seu discurso:

— Devemos sair daqui urgentemente. Nossos técnicos detectaram instrumentos instalados aqui dentro, e, pelo visto, são dotados de uma tecnologia avançada, que desconhecemos por completo. Um dos nossos técnicos desconfia que pertençam aos guardiões superiores, e, se for isso mesmo, significa que estamos sob vigilância e que toda nossa conversa até agora deve ter sido transmitida para onde quer que se reúnam nossos adversários.

Houve um burburinho, denotando a agitação da turba, e custou ao chefe da súcia fazer as equipes ali representadas calarem.

— Senhores, senhores, calma! Precisamos de mais calma no ambiente — dificilmente ele conseguiu, apenas após gritos e palavrões.

Assim que o ambiente ficou minimamente tranquilo, o chefão continuou:

— Não é somente isso. A propósito, vou continuar falando aqui, porque nossos planos muito provavelmente já foram descobertos. Intriga-me, com efeito, por que os infiltrados, sejam guardiões ou pertençam a outro grupo, não se revelaram ainda. Talvez, de algum modo, sintam-se seguros; porém, tenho certeza de que enfrentaremos o mesmo problema em outro local. Portanto, fiquemos atentos.

"Um dos nossos voltou com uma notícia intrigante. Três ministros do Supremo estão blindados, o que quer dizer que não conseguiu, de forma alguma, aproximar-se o suficiente para implantar os simbiontes que preparamos. Perdemos os simbiontes, pois, como sabem, depois que eles são retirados de suas câmaras de preservação, a parte orgânica só sobrevive durante poucos minutos fora da estrutura psicofísica dos seres humanos. Alguém, alguma equipe — e desta vez aposto que são os famigerados guardiões — cercou os ministros de um campo de forças extremamente potente, cuja natureza é totalmente desconhecida para nós. Enviei dois dos melhores técnicos para estudarem sua estrutura e sua constituição, mas não obtiveram nenhum resultado apreciável. À medida que tais humanos se movimentam, os campos se moldam à postura dos corpos; no caso da ministra, o aparato parece ainda mais sofisticado. Além do campo de forte potência, existe na região cerebral outro tipo de proteção, que em vão tentamos romper. É como se fosse um campo dentro de outro campo, quase invisível aos nossos olhos e imperceptível aos instrumentos.

"Dessa maneira, podemos ter certeza de que alguns dos nossos alvos provavelmente estarão com sistema de defesa semelhante ao que encontramos nesses três. A ordem permanece a mesma, senhores: não enfrentem de forma alguma nenhum dos guardiões e nenhum dos seus agentes! Cabe-nos adaptar nossa tática de guerra. A começar, por exemplo, pela ação que desencadeei para os cônjuges e os familiares de nossos alvos no parlamento."

Assim que terminou de falar, um dos especialistas levantou a mão, pedindo nervosamente a palavra:

— Senhor, nossa equipe encontrou alguma coisa similar em seis deputados, e algo muito suspeito no que preside a Câmara. Uma tecnologia diferente, também, sustenta fios que tentamos em vão remover. Contudo, segundo observamos em todos eles, não se trata de uma técnica superior; é exatamente o contrário. A nossa é muito superior, porém, devido ao processo intrigante usado, não havia nada que pudéssemos fazer para retirar os implantes que se enraízam nos cérebros dos sujeitos. Ao que tudo indica, são um misto de magia com ciência, pois encontramos resquícios de elementais, de protoformas de corpos espirituais, talvez, já em decomposição, embora sejam alimentados por baterias que, nitidamente, remetem a um aparato técnico. Nunca tínhamos visto isso antes.

— Com certeza essa é a nova forma de obsessão utilizada pelos magos mais antigos, a tecnomagia, conforme notícias que eu já havia recebido — respondeu o chefe da organização. — Mas não se preocupem. Se esses deputados em particular não podem ser cooptados por nós, já estão sendo manipulados por nossos rivais, que ainda não se mostraram. Convém termos cuidado extremo, pois nos movemos em terreno minado.

"Como provavelmente somos ouvidos à distância, seja lá por quem — talvez os miseráveis filhos do Cordeiro —, partamos todos. Quero continuar em outro ambiente. Aqui, comentaremos apenas as notícias que já devem ser conhecidas dos que nos escutam através dos aparelhos instalados aqui, dentro do Congresso. Sigamos até o Jardim Botânico. Vamos todos!" — convocou o chefe, vestido de um traje que remetia aos gângsteres da primeira metade do século xx. Seu séquito mais próximo igualmente se vestia a rigor. Os demais, porém, cada qual à sua maneira, compunham um quadro que mais parecia um *show* de aberrações, de fantasias e figurinos bizarros.

Debandaram para o Jardim Botânico, conforme

indicado pelo chefe, a quem ninguém ousava contrariar, apesar da aparente educação que ele lhes dispensava. Essa característica era diametralmente oposta à forma como espectros e magos tratavam seus inferiores em hierarquia. Não obstante, era apenas um verniz de polidez; nada que se assemelhasse a respeito. Quanto a isso, ninguém ali tinha a menor ilusão.

Mais espíritos foram se achegando e se juntaram ao bando inicial da Horda. Concentraram-se nas imediações de um lago, perto de um grupo de árvores.

— Aqui estamos seguros. Mandei alguns técnicos virem previamente e vasculharem o local em busca de equipamentos instalados. Está tudo limpo.

Tomando a frente em meio à algazarra dos seres ali reunidos, não foi difícil, desta vez, estabelecer a aparente harmonia do grupo de especialistas em obsessões complexas. Prosseguiu o líder:

— Primeiramente, quero que alguns de vocês identifiquem médiuns em todo o território do país. Médiuns mesmo, que nos sirvam de instrumento. Quero tanto aqueles que se vendem, que não têm escrúpulos e vivem da mediunidade, quanto os que oscilam entre o trabalho de natureza espiritual e as manifestações mais materiais de suas crenças. Precisamos de médiuns verdadeiros, e não dos embusteiros, que nem para nós serão úteis. Mas atenção: para que os possamos usar sem reservas em nossos planos, é necessário que se aliem à nossa Horda por livre e espontânea vontade.

Nítido murmúrio se notou em meio à turba, incomodada com a estranha petição. Lucky, o chefe do bando, sabia que devia intervir antes que o burburinho se transformasse em azáfama. Ele contava com o concurso de seu braço direito e grande líder, Bugsy, que era o segundo no comando da condução do maior e mais experiente grupo de obsessores já contratado pelos espectros. Tal como seu amigo e superior, Bugsy era um antigo gângster; depois do desencarne, foi treinado diretamente pelos chefes de legião para dar sequência ao trabalho engenhoso no mundo do crime, entretanto, num âmbito muito mais abrangente, diretamente associado a autoridades internacionais.

— Acalmem-se, senhores! Acalmem-se! Estamos em vias de preparar um novo método de interferência nos negócios do país, nos próprios homens de poder — explicou Bugsy.

— Vamos realizar uma reunião mediúnica aos avessos — retomou a palavra Lucky. Mais barulho foi ouvido, como se todos ali duvidassem da sanidade do chefe, embora ninguém ousasse ir contra sua palavra. — Eis aqui uma lista de nomes de médiuns que levantamos durante anos de pesquisas — e entregou cópias a um dos seus subordinados para que distribuísse a lista entre os espíritos convocados.

Instantes a seguir, ele continuou:

— Não pensei que lançaria mão desse recurso por ora, mas, devido aos elementos com que deparamos e às novas táticas de guerra que utilizaremos, quero que fiquem atentos a essa lista, pois aí relacionamos nomes de médiuns em todo o território nacional que poderão nos ser úteis, pois já os testamos em outras ocasiões e se prestam ao nosso serviço sujo. Vendem-se por muito pouco: uns, por aplauso e reconhecimento; outros, simplesmente pela ilusão de terem seguidores em redes sociais e certa audiência; outros, ainda, por barganhas feitas conosco. Fato é que todos da lista já foram testados e aprovados como abertos ao nosso trabalho. Mas não os quero todos; preciso que alguns de vocês se ofereçam para ir até eles e tragam-me apenas os que estiverem realmente dispostos a se unir a nós, voluntariamente, cientes da opção que abraçam. Quero os corruptíveis, os que não têm escrúpulos em enganar e que, portanto, serão fiéis ao mandato que designarmos a eles. Quero principalmente os desertores das tarefas que lhes tenham sido confiadas até então — estes, sim, os mais preciosos para o que temos em mente.

"Mas quero também psicólogos, terapeutas e pessoas com conceitos espiritualistas que sejam, no entanto, dóceis e manipuláveis, facilmente induzidas e que estejam igualmente dispostas a nos seguir. Estes últimos eu os quero primeiro, pois eu mesmo vou orientá-los sobre o que esperamos de cada um. Os demais, os médiuns, conduzam-nos em desdobramento ao local anotado na lista. Indicamos um mentor para cada qual, isto é, um membro preparado de nossa equipe, versado em técnicas de guerrilha espiritual."

O bando pareceu haver entendido o plano do seu chefe. Naquele ponto, muitos pegaram seus veículos e saíram em disparada em busca dos alvos enumerados. Demandariam algum tempo para se imiscuírem na mente dos humanos apontados, pois seria necessária uma pesquisa breve sobre habilidades, caráter e preferências.

Outra parte da Horda permaneceu no Jardim Botânico, ouvindo os planos de seu mestre:

— Pois bem, meus caros, quero de vocês algo bem fácil. Receberão um pequeno equipamento contendo nomes e endereços de familiares, parentes e amigos próximos de parlamentares e seus comparsas. Quero que me tragam, também em desdobramento, os empresários e os banqueiros cujos nomes aí estão. Vamos levar este país à bancarrota! Agiremos de forma que não saberão quem os manipulou; nem os guardiões mais poderosos elucidarão como teremos realizado nossa ofensiva. Partam e me tragam os homens desdobrados! Reuniremos todos, em breve, no local assinalado nos registros que receberam.

O chefe da Horda jamais desconfiaria que, junto de seus servidores mais próximos, trabalhava um agente duplo, um representante dos guardiões da humanidade que havia sido incumbido dessa tarefa diretamente por Jamar. Lucky não poderia supor, pois o espião fora escolhido a dedo e preparado durante noites e noites a fio, em desdobramento, inclusive para que pudesse camuflar sua identidade energética, mediante o emprego de técnica sideral dominada apenas pelos oficiais dos guardiões.

"Para fazer juízo contra todos e condenar entre eles todos os ímpios, por todas as suas obras de impiedade, que impiamente cometeram, e por todas as duras palavras que ímpios pecadores disseram contra ele."

JUDAS 1:15

moderna obsessão

Capítulo 7

DOIS ANOS ANTES...

amos, Raul! — falou Kiev para o médium, a quem havia se afeiçoado durante os anos de trabalho juntos. — Jamar convocou você e Herald para uma tarefa especial.

— De novo? Ele nem me deu tempo de concluir a outra que me passou e já está arrumando mais briga por aí?

— Calma, rapaz! Calma. Desta vez não é briga nenhuma. Ele mesmo vai inteirá-lo a respeito, e logo você verá que é algo fácil, fácil — respondeu Kiev ao conduzir o amigo para fora do ambiente doméstico.

— Se é algo fácil, então não convidaria a mim e ao Herald. Ele sabe que estamos muito ocupados com os revezes dos últimos acontecimentos. Herald está atolado de problemas em Caracas, e tem pouca gente por lá disposta a ajudá-lo. Euzinho aqui, nem se fala. Jamar bem podia ter chamado Irmina...

— Irmina também está atolada, como você diz, até a cabeça com as dificuldades na Síria, na Coreia do Norte e no leste europeu. Portanto...

— Portanto, estamos todos atendendo a emergências ao redor do mundo, afora os problemas locais, do centro espírita, das instituições e dos agentes mais próximos — queixou-se Raul, lembrando-se dos desafios que enfrentava em vigília.

— Bem, meu caro... — falou Kiev com certa reserva. — O problema do centro espírita, dos agentes e das instituições é algo particular seu; já devia ter se livrado há muito tempo disso tudo. Seu trabalho não pode ficar restrito a problemas da paróquia, como você mesmo se refere a núcleos assim. Você tem coisas mais urgentes e importantes a fazer do que ficar apagando incêndios iniciados por gente que tem condições de, por si só, administrar o fogo.

Dirigiram-se ambos até o posto avançado dos guardiões, em localidade já conhecida do médium. Lá já estavam Herald, Joseph, Jamar, João Cobú e Mauá, que não arredava pé dos acontecimentos concernentes ao momento histórico especial pelo qual passavam o Brasil e toda a América Latina.

Sem muita delonga, Jamar apresentou os planos aos dois amigos desdobrados, sabendo que poderia confiar no engajamento deles:

— Precisamos que vocês executem determinada tarefa que, uma vez realizada, acarretará impacto muito positivo sobre as estratégias que temos desenvolvido para combater as forças que se opõem à política divina do Cordeiro. Chegou ao nosso conhecimento que especialistas do abismo intentam tomar o poder de magos e cientistas, que se aliaram para tramar em diversos países, principalmente no Brasil e na Venezuela. Caso esses dois focos de contaminação sucumbam, as ideias ali cultivadas poderão se espalhar por toda a América Latina, pelo Caribe e por outras nações mais, dada a representatividade de um país com as dimensões do Brasil.

— Quer que façamos alguma ofensiva? Mas esse não é o papel do Herald... — contestou Raul.

— Bem sabemos das aptidões de Herald e de cada um, Raul, mas, desta vez, não haverá luta aberta no campo de batalha. Nessa hipótese, caso ocorra, você será chamado oportunamente, Raul. Por ora, queremos vocês como agentes duplos. Creio que será necessário Herald voltar à Europa, ficando um tempo na Polônia e, depois, na Ucrânia, o que facilitará muito para a ação que pretendemos. Nesse ínterim, serão tratados por nossos técnicos.

—Tratados? Não julgo que eu esteja sentindo nada, ao menos por ora.

Jamar fez um gesto com o rosto, como que evitando se distrair e também repreendendo Raul, que parecia alterado, aliás, como quase sempre.

—As palavras, deixo-as por conta dos editores dos dois lados da vida. Você entendeu muito bem a que me refiro.

Raul engoliu a seco. Sabia que abusara do amigo.

— O tratamento consiste no seguinte — explicou o guardião. — Submeteremos os dois à manipulação da aparência espiritual, uma espécie de plástica realizada no corpo astral. O objetivo é que se tornem semelhantes, não apenas externamente, mas também vibratoriamente. A identidade energética de cada qual poderá ser checada a qualquer momento, e, a despeito de qual for examinado, o técnico opositor chegará a resultado idêntico, concluindo estar diante do mesmo espírito o tempo todo.

—Então, deveremos nos imiscuir em meio a especialistas do lado oposto?! — indagou Herald, que, de modo geral, era de poucas palavras, bem diferente de Raul.

— Certamente, amigo. Vocês desempenharão o papel de agentes duplos. Por um bom tempo, terão suas mentes alteradas pelo magnetismo de nossos especialistas a fim de que possam se comunicar telepaticamente tão logo se encontrem fora do corpo físico, cada qual no país onde estiver. No período de sono, Raul ficará desdobrado, observando as ações dos espíritos sombrios. Durante o dia, quando ele estiver em vigília, Herald permanecerá projetado no astral, cumprindo a mesma função ao assumir a identidade energética e a aparência idêntica àquela que Raul ostentara. Como podem notar, trata-se de um revezamento. Uma vez que Herald tem muito mais tempo do dia à disposição, cobriremos as 24 horas com algum de vocês junto dos espíritos com os quais conviverão.

"Ambos serão preparados, e, para o devido êxito, além da dedicação, será vital estreitarem os laços que os unem com mais ardor do que nunca. Afinal, tão logo os dois estejam em desdobramento, aquele que abandonar o posto na organização sombria deverá transmitir para o outro, que o substituir, as informações captadas nas últimas horas por processo telepático e de forma instantânea. Ambos receberão treinamento para tanto."

— E você já nos perguntou se aceitaremos essa tarefa?

Jamar recusou-se a responder a Raul, pois já conhecia muito bem o jeito do amigo. Respirando fundo, acrescentou:

— Quando estiver na posse do corpo, Raul, você deverá observar alguns cuidados ao longo de todo o período de preparação de que participará. Usaremos a mesma metodologia adotada para capacitar os pilotos de nossas naves, as quais conhecem como aeróbus. Como não dispomos do tempo que o método convencional requer, receberão instruções por hipnotreinamento — e é por esse motivo que menciono o cuidado extra. Tal técnica tende a aumentar sua sensibilidade nas questões mediúnicas e psíquicas em geral, mesmo quando você estiver em vigília. Fique atento quanto às suas percepções. Logo mais, Kiev lhe passará instruções detalhadas a respeito desse aspecto — disse enquanto fixava o guardião, que sabia muito bem o que fazer.

Jamar prosseguiu sem pausa:

— Assim sendo, desde já se considerem recrutados para o trabalho de agentes duplos junto à Horda, uma quadrilha de ex-gângsteres, mas, acima de tudo, composta por espíritos treinados pelos próprios espectros, os chefes de legião dos antigos *daimons*. Obviamente, o trabalho a que passarão a se dedicar não os eximirá das tarefas contraídas até então. Lembrem-se: não se trata de substituir uma pela outra, mas de acumular atribuições, que deverão ser realizadas de modo concomitante.

Raul tentou argumentar algo, interferindo na conclusão de Jamar, porém esse não deu tempo para o rapaz se manifestar. Um par de especialistas foi destacado imediatamente e se retirou com os dois sensitivos. Era claro para Jamar que podia contar com a ajuda de ambos. Já haviam dado mostras, anteriormente, durante anos a fio, de que jamais abandonariam o trabalho que lhes fora confiado. Não só aquela dupla, como também os demais agentes recrutados primeiramente, após todos terem sido submetidos a extensas provas e observações prévias.

Jamar deixou o ambiente meneando a cabeça para os demais espíritos ali presentes à medida que caminhava em direção a uma parede e se desvaneceu antes de atravessá-la. Um segundo depois, já estava na base dos guardiões, no chamado lado oculto da Lua, cuidando de outros assuntos como se jamais houvera tratado de outra coisa.

Raul e Herald iniciaram seus cinquenta dias de treinamento intensivo, todas as noites, antes de serem submetidos a testes extenuantes. Em conformidade com a advertência de Jamar, dadas as faculdades psíquicas que lhe eram próprias, Raul sentia com maior intensidade no corpo físico as repercussões do que ocorria na dimensão paralela. Após quatro meses consecutivos entre prática e testes diários, que consumiam quase todo o tempo, à exceção dos momentos em que os dois agentes estavam em vigília, Herald e Raul foram conduzidos à Horda. Além de terem de seguir todas as recomendações, tudo precisava ser mantido em absoluto sigilo; nem sequer os amigos mais íntimos da dupla deveriam saber daqueles acontecimentos, pois era uma operação extremamente arriscada.

O LUGAR SE APRESENTAVA COMO um prédio moderníssimo, porém, destoava da paisagem local, em meio a brumas de um submundo desconhecido pelos homens da superfície. Havia outras construções de porte semelhante — poucas, aliás —, mas eram cercadas por edificações que conferiam à cidadela o aspecto de um vilarejo medieval pobre e decadente, apesar das interferências futuristas no panorama urbano. Predominavam casebres sujos, que se apresentavam como antros de espíritos de variadas estirpes inferiores.

O edifício se erguia imponente quando algo ainda mais excêntrico se viu. Uma nave o sobrevoou e, por fim, pousou sobre ele, tendo como passageiros dois dos chefes de legião mais perigosos, já conhecidos dos espíritos radicados ali.

Diferentemente dos magos, cuja predileção era por antros e cavernas situadas na subcrosta, os espíritos especialistas fixados naquela dimensão preferiam aquele tipo de construção para abrigar sua base.

Na verdade, eram gângsteres e criminosos de elite, em sua maioria, cuja última encarnação se encerrara em meados do século xx. De existência em existência, aprimoraram-se no uso do poder de sedução e de manipulação, lançando mão de vidas humanas sem nenhum pudor, a fim de satisfazerem as próprias ambições em matéria de riqueza, *status* e domínio sobre a sociedade. Ao fim de cada encarnação consagrada à prática de crimes e abusos de toda espécie, voltavam a ser treinados diretamente pelos chefes de legião, de modo que eram seres hábeis, cuja inteligência e cuja frieza incomuns ressaltavam da personalidade adestrada para as condições mais adversas.

— Quer dizer que passaram por todos os testes para se tornarem meus assistentes?

— Sim, senhor. Creio que fomos aprovados — respondeu um espírito desencarnado em nome de si próprio e de Raul, ora disfarçado sob determinadas aparência e identidade energética, conforme recursos facultados pelos guardiões.

— Você, qual o seu nome? — perguntou o chefe dos mafiosos, olhando fixamente para Raul, que temeu ser desmascarado já naquele primeiro embate tão penetrante era o olhar de Lucky.[1]

— Meu nome é Gilgal, senhor.

— Gilgal… Não gosto desse nome. A partir de agora, para trabalhar comigo, terá de adotar outro. Vou pensar em um à altura do papel que desempenhará. Mas não se preocupe quanto à sua vaga; sua ficha de

---

1. Considerado o pai moderno do crime organizado nos Estados Unidos, Charles "Lucky" Luciano (1897–1962) foi chefe da máfia italiana antes de substituir o chefe de todas as famílias de mafiosos e extinguir a posição. Condenado à prisão em 1936, foi deportado para a Itália, seu país natal, logo após o fim da Segunda Guerra Mundial. Tornou-se um personagem lendário da sociedade norte-americana. Chegou a morar em Cuba antes de ser novamente deportado.

serviços é bem extensa. Segundo notícias dos meus oficiais, você trabalhou junto com o príncipe da Babilônia como ajudante pessoal. Parece que também prestou com louvores serviço ao faraó negro, e isso o faz digno de grande apreço em nossa organização.

Raul meneou a cabeça.

Desta vez, foi outro quem falou, o braço direito de Lucky. Dirigiu-se ao espírito que acompanhava Raul/Gilgal, e ele também era um guardião disfarçado. Walter, antigo amigo do sensitivo, fazia papel de agente duplo. O personagem Gilgal seria interpretado por Raul ou Herald, em regime de revezamento, de acordo com a incumbência dada por Jamar. A missão poderia durar anos, mas eles não estariam sozinhos naquela empreitada.

— Humm! Vejo uma participação especial nos eventos marcantes mais recentes, na Crimeia, em Londres e também no Brasil e na Venezuela...

— Era agente duplo na ocasião, senhor. Não trago lembranças desses acontecimentos porque meus antigos senhores julgaram por bem apagá-los de minha memória. Os especialistas desta Horda tentaram retirar de minha mente, de variadas maneiras, as imagens e os registros correspondentes, mas

em vão. Tudo foi pulverizado, apagado definitivamente pelos meus antigos senhores.

— Isso é bom — falou Bugsy[2] ao desviar o olhar
para Lucky. — Significa que foi bem treinado e que
as informações a que terá acesso estarão protegidas.
Quando não for mais necessário, apagaremos tudo
da memória de vocês também.

— Com certeza, senhor. Quando bem lhes aprouver.

Os guardiões procederam a uma imunização profunda nos corpos mentais de Raul, Herald e Walter,
impedindo os seres sombrios de acessarem os registros mnemônicos reais dos três. Se porventura
surgisse alguma tecnologia surpreendente e desconhecida, capaz de penetrar os cérebros extrafísicos
dos agentes — algo cuja chance era remotíssima —,
encontrariam dados falsos, alojados pelos guardiões para resguardarem o psiquismo de ambos. Na
hipótese de lhes rastrearem a memória de modo mi-

---

2. Benjamin "Bugsy" Siegel (1906–1947), membro da máfia judaica e de
sindicatos do crime, foi considerado um dos gângsteres mais infames
dos tempos da lei seca, nos EUA. Mantinha laços com a Cosa Nostra, a
máfia italiana, por meio de Lucky Luciano, entre outros. Fundou a Mur-
der, Inc. (Assassinato Ltda.), como matador profissional.

nucioso, se não encontrassem rigorosamente nada, os agentes duplos estariam expostos ao risco de ser submetidos a um processo de imbecilização, o que acarretaria consequências graves para eles. Por isso, os guardiões tiveram o cuidado de lhes implantar memórias fictícias, algo que sua técnica permitia, até porque não lhes eram vedadas as estruturas profundas dos corpos mentais de seus colaboradores, sensíveis ao emprego da tecnologia e do magnetismo superiores.

A partir de então, os acontecimentos se precipitaram velozes.

PASSADOS DOIS ANOS

No auditório do Anexo 2 do Palácio do Planalto, às margens do Eixo Monumental, reuniam-se empresários, banqueiros, investidores, políticos e diversos outros indivíduos de grande representatividade no contexto nacional, todos trazidos até ali por meio do desdobramento. Em meio a eles, também havia sindicalistas e homens da política que defendiam acirradamente a ideologia adotada pelo governo que fora afastado do poder. A maior parte dos convidados, porém, não tinha convicção propriamente ideológica: a que mais ganhos lhe trouxesse, desde que permitisse o casamento espúrio com o poder, convertia-se na predileta.

Como convidado de honra para falar naquela noite, Lucky trouxera o homem forte, que viera ladeado por Maduro.[3] Estavam presentes também Raúl[4] e seu irmão, Fidel,[5] que, após o desencarne, era um homem solitário, sorumbático, que perambulava de cá para acolá, numa espécie de semi-transe, decerto por ter estado sob intenso influxo hipnótico durante porção demasiada de sua antiga encarnação cubana. Na verdade, parecia lobotomizado, mas comparecera assim mesmo, trazido por seus comparsas, talvez na esperança de que, entre eles, cedo ou tarde, se recompusesse.

Lucky e Bugsy apresentaram-se aos convidados desdobrados e aos desencarnados, que, na plateia,

---

3. Nicolás Maduro (1962–) preside a República Bolivariana da Venezuela desde 2013.

4. Raúl Castro (1931–) está à frente da ditadura cubana desde 2008.

5. Fidel Castro (1926–2016) governou Cuba por quase 50 anos, entre 1959 e 2008. Até 1976, exerceu o cargo de primeiro-ministro e, depois, o de presidente.

eram minoria. Ao falarem de suas credenciais pessoais, os gângsteres foram aplaudidos de pé. Logo em seguida, deu-se a palavra ao homem forte, que, coçando a barba grisalha, caminhou com um sorriso debochado até a tribuna e começou seu discurso, o qual durou mais ou menos uns 40 minutos. Os irmãos Castro, sentados à mesa em cadeiras de espaldar alto, tratados com a devida pompa, juntamente com Maduro, davam um ar solene ao que se via ali. O homem forte foi ovacionado ao terminar. Antes do encerramento, Lucky assumiu o púlpito novamente e discorreu, inflamado, sobre as ideias que lhe eram inspiradas pelos espectros.

Ocorre que tudo era mera encenação, armada com objetivos outros, mais ignóbeis e perigosos, como parte de uma tática nova, que era levada a cabo desde então. Enquanto transcorria a oratória de ambos os palestrantes da noite, um grupo de mais de 100 espíritos — técnicos a serviço dos dirigentes sombrios — adentrou o ambiente sem ser percebido pelos convidados desdobrados. O feito era notável apenas em parte, uma vez que a maioria desses não guardava lucidez extrafísica em plenitude.

Razzor era o mais inteligente no alto comando

dos seres que serviam a Lucky. Ele se aproximou de um dos mais renomados empresários do país, cujo corpo repousava em outra nação. Íntimo dos poderosos no governo, ele tinha vasto conhecimento sobre as artimanhas e as falcatruas de quase a metade dos executivos e dos políticos ali presentes. Razzor aproximou-se dele vagarosamente e fez um sinal para um de seus auxiliares, chamando-o. A alguns metros era observado pelos agentes duplos, que acompanhavam tudo, sempre registrando o que viam e ouviam. Razzor, então, tomou o pequeno aparelho que seu assistente trouxera numa bandeja prateada e, notando que seu alvo estava completamente absorto na fala de Lucky, fez-lhe uma pequena incisão na nuca ali mesmo, numa das poltronas do auditório. O homem desdobrado sentiu leve formigamento na região, passou a mão instintivamente, mas continuou com o pensamento voltado a cada detalhe das palavras do orador, que era carismático a ponto de mesmerizar seus interlocutores.

A ideia era mesmo prender a atenção de todos os convidados e fazer um trabalho coletivo, de uma única vez, em todos os homens e em todas as mulheres em desdobramento. Era uma técnica muito eficaz. Capturavam a atenção de todos, e, no momento em que esses estivessem ocupados mentalmente, concentrados nos assuntos em foco, mas distraídos em relação ao que se passava consigo, os técnicos e os peritos da Horda, discretamente, tomariam posição e desempenhariam a tarefa estipulada em ritmo de mutirão. O sucesso foi acachapante, ainda que não absoluto. Lograram instalar um pequeno dispositivo tecnológico na esmagadora maioria dos encarnados ali presentes.

Razzor pegou com todo cuidado o microaparelho e o conduziu para dentro da incisão que fez no homem, exatamente num ponto onde o aparato tecnológico poderia estender seus fios, penetrando no cérebro extrafísico da vítima. O homem reagiu uma vez mais, agora com leve estremecimento, e, por alguns poucos minutos, perdeu a consciência. Não se deu conta do fenômeno, entretanto. Ao despertar, já sabia exatamente o que fazer quando retornasse ao corpo físico.

Quase todos os demais convidados receberam, concomitantemente, artefatos semelhantes, embora cada qual fosse dotado de uma programação personalizada, conforme o interesse dos idealizadores do projeto. Era uma técnica refinada, pois o aparelho, em si, tinha componentes biológicos e, com isso, a propriedade de se diluir poucos dias depois que a pessoa retornasse ao corpo físico. Era tempo suficiente para que os finíssimos filamentos fossem absorvidos pelas células nervosas e, assim, imprimissem os devidos códigos e dados na memória espiritual dos hospedeiros. Não só não era requerida a permanência de nenhum espírito das sombras próximo aos alvos, como, ao contrário do que ocorria com aparelhos implantados convencionalmente, a mera detecção de corpos estranhos era largamente dificultada, mesmo na hipótese de que o sujeito se submetesse ao exame mediúnico especializado — possibilidade remotíssima no caso dos presentes naquela convenção.

Doravante, não era necessário que correligionários da Horda perdessem seu tempo perto dos alvos mentais. Bastava que uma ordem fosse emitida a partir dos laboratórios coordenados pelo pessoal de Lucky para que eles recebessem, onde estivessem, os impulsos hipnossugestivos ditados pelos cientistas e pelos técnicos da escuridão. O processo, cuja lógica era simples, implicava execução complexa, pois exigia muita perícia e consumia recursos escassos e elaborados, portanto, valiosos na economia da realidade astral.

Mas as vantagens eram numerosas, apontavam as análises que a Horda efetuara. Entre elas estava o fato de que, caso agentes da justiça encarnados procurassem, por via mediúnica, detectar obsessores vinculados aos poderosos do país, não encontrariam ninguém. Além do mais, a maioria dos colaboradores, até mesmo entre a pequena parcela que se dispunha a tal tipo de trabalho, contava com parcos conhecimentos de psicopatologia espiritual e era pouco dada à abordagem científica da fenomenologia espírita. Baseava-se, sobretudo, em informações esparsas transmitidas por conhecedores — quando não pseudoconhecedores — que lideravam o movimento de ajuda à humanidade a que se filiavam. Esses fatores estavam todos delineados em pesquisas de campo encomendadas pela Horda. Levando em conta tais dados, trataram de desenvolver um método que lhes assegurasse que eventuais ações terapêuticas, além de serem de remota possibilidade, seriam inócuas.

Ao fim de sua palestra, Lucky chamou o homem forte de volta à tribuna, como coroamento de um espetáculo pensado até os pormenores com o fito de atrair e prender a atenção de todos. Abraçados um ao outro, viram a plateia delirar, aplaudindo enquanto o processo de implante em massa era concluído sem que o percebessem.

Apenas uma pequena parcela dos convidados ficou sem receber o elemento estranho em seu corpo espiritual. Insignificante para os interesses da Horda, essa minoria dispunha de relativa proteção, certamente concedida ou obtida, em grande medida, porque suas mentes não estabeleceram sintonia suficiente com o conteúdo difundido pelos oradores da noite. Ademais, os técnicos e os cientistas não conseguiram realizar a operação em seus períspiritos em virtude do escudo natural proporcionado por suas auras. Energias delas emanadas os repeliam ou, em raros casos, nas ocasiões em que o implante pôde ser feito, chegaram a expelir o aparelho parasita do âmago do corpo espiritual. Quando tudo estava terminado, Razzor deu um sinal para Lucky, que, logo em seguida, encerrou a conferência. Raul/ Gilgal e Walter aproveitaram para identificar os indivíduos principais que ali compareceram, bem como os homens e as mulheres cuja resistência os livrara do implante.

DAQUELE MESMO LUGAR, enquanto os malfeitores em serviço cuidavam de dispersar os convidados, Lucky e seu aliado, Bugsy, chamaram Razzor em particular. Conversaram com o intuito de que ele assumisse, pessoalmente, em nome da Horda, a questão da Venezuela e também o contato com as Farc — Forças Armadas Revolucionárias da Colômbia. Independentemente da presença do espectro no país do bolivarianismo, Razzor teria um papel muito importante, que, mais tarde, poderia contribuir com os planos em desenvolvimento no Brasil, principalmente em relação aos grupos sindicais, aos seus organizadores e aos mandatários. O gângster de inteligência invulgar — cuja alcunha remetia à palavra inglesa *razor*, que significa *navalha*, em alusão à sua habilidade na degola rápida e certeira quando encarnado —, por ora, transitaria entre os três países fronteiriços, com destaque para Venezuela e Brasil, pois as duas nações tinham muito em comum quanto aos projetos de poder em andamento.

Por sua vez, Bugsy cuidaria dos homens que vestem togas pretas, os quais deveriam zelar pela Justiça e, no entanto, em expressiva parcela dos casos, acabavam por defender os interesses da quadrilha que ascendeu ao poder por intermédio do Foro de São Paulo, nos dois países. Concentraria sua ação nas cortes superiores. Além da ênfase na corte constitucional, como era de se esperar, também miraria ao Superior Tribunal de Justiça e ao Tribunal Superior Eleitoral.

— Atenção, Bugsy — falou o chefão dos chefões, preocupado. — A maior parte dos magistrados está do nosso lado, porém, ao menos na mais alta corte existem dois ou três que se sintonizam com o projeto dos guardiões superiores cá, no Brasil. Você bem sabe que, entre um extremo e outro, isto é, entre esses e aqueles outros, definitivamente vinculados ao homem forte e à sua quadrilha, que até hoje está em atuação, temos com quem contar com maior ou menor frequência. Isso sem falar de nossos prepostos no Congresso, em meio a industriais e empreiteiros, e, sobretudo, aqui, dentro do governo e da própria administração.

— Claro, claro que sim, Luciano — falou Bugsy,

referindo-se com intimidade ao comandante, que chamou pelo sobrenome, e não pela alcunha. —Além desses que citou, aqui há parasitas em largo número, como em quaisquer classes sociais. Esses nos serão úteis, pois não têm pudores quando o assunto é ganhar e não se constrangem por causa de princípios. Por certo tempo, pessoalmente, eu lhes darei o que desejam. Terminada sua serventia, atirarei todos no fogo. Querem rebarbas de dinheiro, poder e fama. Terão isso na medida certa e também na quantidade exata que for conveniente aos nossos interesses, tal como fazíamos com os idiotas que se aproximavam de nós atrás de vantagens assim quando atuamos juntos no mundo físico.

— Contudo, neste país miserável onde lidamos, não adianta sermos galanteadores como éramos. Há de se ter pulso forte, pois essa turba que transita parasitando em busca de migalhas de fama, dinheiro e poder é composta de mercenários a serviço de vários partidos políticos, conforme o soldo oferecido e a conveniência da hora. Isso sem contar os militantes que algumas dessas organizações aliciam, gente entregue à hipnose de um idealismo raquítico que a mantém na ilusão autoelogiosa de que luta por uma causa nobre. É patético como não percebem quem realmente está no comando do lado de cá.

— Grande parte nem acredita que existe um lado de cá, meu velho! — tornou a se dirigir ao chefe, como se falavam entre si quando encarnados, de modo familiar. — Tome o exemplo dos intelectuais e pseudointelectuais, movidos pelo mais descarado interesse próprio. Esses, por arrogância, não enxergam a amplitude da arena em que a disputa política se trava em nossa dimensão; afinal, teriam que confessar toda uma realidade que escapa ao seu escrutínio e ao seu entendimento. De outro lado, há muita gente cheia de boa vontade, de bons propósitos, mas desprovida de aberturas mental e espiritual, além de bagagens cultural e moral, suficientes para inferir ou notar nossa atuação junto àqueles que admiram. Basta serem chamados que respondem imediatamente.

— Estão fascinados, companheiro, muito fascinados pela concretização da utopia na Terra. Vamos aproveitar isso! Gente sonhadora sempre é público cativo quando o assunto é ser manipulado. Em breve, aliás, induziremos essa turba ao confronto público. Quero ver se passarão no teste.

— Diga onde e quando quer que os farei ir às ruas quebrar, atiçar fogo, depredar o que for possível! Afinal, somente no Brasil já identificamos oito praças onde se ministra treinamento em táticas de guerrilha a contingentes significativos de militantes.

— Calma, grande Bugsy, calma! Vamos esperar um pouco mais. No primeiro momento, quero apenas um teste, uma demonstração a todos de que os nossos, no plano físico, preparam-se para algo muito maior.

— É sensato. Afinal, sabemos que o grupo de elite bebe diretamente na fonte, ou seja, nos países onde o Foro de São Paulo consumou seus planos em grau ainda mais avançado: Cuba, Bolívia e, principalmente, Venezuela. Trata-se de uma operação em larga escala a que assistimos nos continentes centro e sul-americano. Empregam-se métodos de convencimento que arrastam as militâncias engajadas conforme o desígnio de seus líderes — estes, cada vez mais sob o nosso mando. Agora, com a operação realizada na noite de hoje, demos um passo fundamental nessa direção.

— Logo, logo darei o sinal. Convêm esperar para fazer tudo de modo a não deixar rastros — disse o chefe da máfia, salivando de apetite. — Ainda hastearemos a bandeira da hidra em cada centro de poder, levando seus tentáculos a todos os países deste continente. O Brasil cumprirá a profecia sombria de comandar o restante da América Latina num governo da besta. Ah! E como cumprirá! Lembra-se do que estudamos durante o nosso treinamento? Das profecias macabras de Rasputin, o grande mago? De tudo o que descreveu antes de ser capturado pelos guardiões, nada deixou de se cumprir até agora.

Bugsy olhou seu amigo, arrepiando-se ao lembrar os escritos malditos conhecidos somente nas regiões ínferas, onde foram treinados no tempo entre vidas e em cada período subsequente, ou seja, durante cada encarnação, em que assumiram sucessivos corpos e identidades no mundo físico a fim de colocar em prática o que haviam aprendido na erraticidade, isto é, entre uma vida e outra.

Não precisavam dizer mais nada um para o outro. Sabiam que a hora se aproximava. Mas também não ignoravam que os guardiões poderiam muito bem entrar em cena e virar o jogo a qualquer momento. Convinha redobrar os cuidados e disfarçar sua trilha energética, furtando-se ao rastreio que agentes desdobrados eventualmente fizessem para desvendar suas táticas e estratégias.

Enquanto isso, sem que os mandachuvas da elite de mafiosos desconfiassem de nada, os agentes duplos permaneciam agindo na surdina.

"Pois não dormem se não fizerem mal, e foge deles o sono se não fizerem alguém tropeçar. Porque comem o pão da impiedade e bebem o vinho da violência."

PROVÉRBIOS 4:16-17

navalha do crime_

Capítulo 8

erald deitara-se a fim de se preparar para o desdobramento. Repousava num país distante, porém já com os pensamentos voltados à situação que ocorria no Brasil. Não obstante, não se desligava dos problemas enfrentados na Venezuela, onde ele se dedicava mais intensamente com os guardiões, dada a gravidade da conjuntura nacional. O país vizinho servia como uma projeção futura indesejável, um futuro alternativo do Brasil caso o governo seguisse a mesma linha de conduta e semelhante ideologia prevalecesse. Talvez por trabalhar tanto em Caracas, aliando-se aos espíritos que queriam, de alguma maneira, promover a libertação do seu povo, é que Herald estivesse preparado para cooperar também no Brasil, que, em períodos recentes, passou por situações que se aproximavam demasiadamente do destino do povo venezuelano.

Herald-espírito balançava de um para o outro lado do corpo físico, enquanto um leve formigamento tomava conta de si. Sentia-se cada vez mais dormente à medida que o seu espírito se tornava gradativamente mais lúcido e sensível às impressões da dimensão extrafísica. Raul/Gilgal, por sua vez, já percebia a fisiologia do corpo puxar seu espírito, até porque, no Brasil, ao contrário de onde Herald se localizava, o dia já estava prestes a amanhecer. Era hora de trocarem de identidade e de Herald assumir o posto de agente duplo no lugar de Raul. Tão logo Herald se projetou para fora dos limites vibratórios do corpo físico, um guardião o aguardava, a postos, a fim de transportá-lo para o Brasil. De repente, os dois se desvaneceram no ar mediante a força do pensamento do guardião e também em virtude da experiência de Herald, que, havia mais de trinta anos, consagrava-se religiosamente ao serviço dos mensageiros da justiça.

Herald não era nenhum iniciante. Desde adolescente, encontrava-se com os seus amigos, cada qual em um país diferente, com a finalidade de desenvolver destreza e desenvoltura fora do corpo físico. Pouco a pouco, aperfeiçoou as habilidades psíquicas. No entanto, somente depois de mais de dez anos consecutivos de trabalho e estudo, com dedicação e afinco, é que conseguiu adquirir lucidez mais ampla na dimensão extrafísica. Assim se deu porque ninguém dá saltos em termos de sensibilidade psíquica; tudo vem no seu tempo.

Herald se rematerializou num ambiente sombrio, próximo a um local previamente combinado com Raul. Esse já se sentia no limiar entre dois mundos, quase despertando no corpo, sobre a cama. Por pouco não se desvaneceu diante dos espíritos com quem militava na Horda como espião. Em último instante, conseguiu sair correndo do ambiente onde estava, em disparada, a tempo de ter com Herald, antes que se transportasse abruptamente para a base física, situada numa cidade na Região Sudeste do Brasil.

Em determinado momento da corrida, o agente duplo deparou com Razzor, um dos especialistas a serviço de Lucky. Quase foi descoberto. Não deu atenção ao espírito e correu em direção ao ponto de encontro e de revezamento, onde Herald já tomava forma com a aparência idêntica à que Raul envergava em meio à Horda, ou seja, a do personagem Gilgal. Os dois sensitivos só tiveram tempo de tocar um no outro, detendo-se Raul, por alguns segundos, apenas para realizar o toque que transferia as informações diretamente para o cérebro perispiritual do amigo Herald, conforme treinamento a que ambos se submeteram.

Todavia, Razzor acabou acompanhando Raul em sua corrida, embora guardasse certa distância.

Conseguiu ver os dois seres, de aspecto idêntico, tocando-se mutuamente, como num aperto de mãos. Tudo foi muito ligeiro para que Razzor percebesse os detalhes. Eram genuinamente idênticos na aparência e também na emissão magnética dos corpos espirituais — tal era a proeza fruto da técnica sideral dos guardiões superiores. Razzor presenciou o revezamento, embora não entendesse o que sucedia, pois Raul/Gilgal desmaterializou-se por completo ao simplesmente tocar a mão de Herald/Gilgal. Os dois trocaram de posição, e o escocês Herald levou adiante a figura de Gilgal no lugar do amigo brasileiro. Razzor o seguiu. A partir de então, mantinha-se de olhos abertos quanto ao assistente de Lucky. Havia um mistério envolvendo aquele sujeito. Ou era mais de um sujeito?

ENTREMENTES, O HOMEM FORTE encontrava-se nas companhias de Raúl Castro e de Maduro, todos projetados na dimensão astral. Conversavam a respeito do que estava em andamento e dos próximos lances na Venezuela e no Brasil quando Razzor, já de regresso, uniu-se àqueles homens, representantes da mesma ideologia e adeptos de certa visão de mundo que determinava a forma de pensar a estrutura política e de fazer política em seus países.

— Tenho certeza de que voltaremos ao poder e reconduziremos o Brasil a um novo período de estabilidade — falou o homem forte a seus companheiros, percebendo o interesse de Razzor no assunto.

— Enfrento um momento muito complicado na Venezuela. Mas não hesitarei em usar as Forças Armadas e todo o aparato de poder de que precisar para restabelecer os direitos constitucionais que adquiri democraticamente.

Maduro lançou um olhar para o homem forte — a personificação da grande quadrilha que dilapidou o povo brasileiro durante as últimas décadas. Acreditando ser o verdadeiro paladino da lei e da ordem, o venezuelano incrementou o personagem caricato e declarou como se estivesse na frente das câmeras:

— Em nome da revolução bolivariana do povo democrático, patriótico e revolucionário da Venezuela, eu desejo que você retome o poder, homem forte. O povo brasileiro tem o nosso apoio para restabelecer o governo democrático, eliminando o atual governo, que é golpista. Podemos fazer um acordo de auxílio mútuo e, juntos, transformar as nossas nações em países... — mas foi logo interrompido por Castro, que falou com relativa sobriedade, ainda que sem nenhum constrangimento:

— Ora, senhores! Vamos deixar as máscaras de lado, pois estamos entre amigos. Todos sabemos que os governos do homem forte e de sua cria política deixaram o Brasil arrasado, soterrado na maior avalanche de corrupção de que se tem notícia e na mais acentuada e mais duradoura recessão da história da república. Quanto a esse negócio de governo golpista, caro Maduro, sejamos francos: foi o partido do homem forte que colocou o atual presidente no poder. Ella escolheu-o como vice não uma, mas duas vezes, tendo plena ciência de que a lei brasileira o conduziria ao poder caso ela fosse afastada por qualquer motivo. Então, meus caros, deixando de lado a encenação que somos compelidos a fazer para a militância, havemos de convir que foi o homem forte e sua trupe, defendendo a nossa ideologia, que levaram o atual governo ao poder. Agora...

— Agora teremos de mudar a lei, a Constituição e o poder, porque o Brasil precisa de mim novamente.

Os três se calaram quando Razzor entrou na conversa, discorrendo sem o mínimo pudor, pois ele não tinha nada a esconder tampouco a disfarçar:

— Quanto a mim, senhores, que não me envolvo diretamente na política partidária de seus diletos países, não temo empregar as palavras devidas para dar nome aos fatos. Não defendo sua política socialista ou comunista, mas a política dos donos do poder nesta dimensão. Brigar pelo controle das massas e por dinheiro, para mim, é algo que se afigura mesquinho diante do alvo mais abrangente que os senhores do poder na escuridão descortinam à nossa frente.

— Mas não estamos brigando por dinheiro, companheiro — redarguiu o homem forte a Razzor, acreditando na própria mentira.

— Ora, caro homem forte, ainda não se deu conta de que está fora do corpo e de que os dois aí — apontou Castro e Maduro — pertencem ao mesmo círculo de ditadores que querem se imortalizar no poder, como parte dos projetos do Foro? Ora, será que vai me dizer que enriqueceu sem saber como e sem querer, conforme repete para os seus quando está em vigília?

O homem forte abriu um sorriso de deboche quando Razzor tocou no assunto. O gângster desencarnado continuou:

—Veja o exemplo de Maduro.

—Você não se atreva a achar que pode criticar um presidente eleito democraticamente! — exclamou Maduro, levantando-se da cadeira, petulante, e elevando a voz.

— Cale-se, homem! Recolha-se à sua insignificância! Você não passaria de um sindicalista tosco e brutamontes sem o patrocínio das trevas, que lhe concederam tudo — tudo! — de que você goza hoje.

Enquanto falava, Razzor fitou o sucessor desdobrado de Hugo Chávez com o olhar de mil lâminas, que dardejaram o despreparado espírito a ponto de levá-lo a sentir dor física, que o fizera se assentar imediatamente, quase cabisbaixo, após o arroubo protoditatorial. O alto oficial da Horda prosseguiu:

— Aqui vocês são apenas míseros espíritos sob o comando das forças do abismo, o mesmo a que eu obedeço. Vocês não têm poder, e sua democracia é somente um discurso falido na tentativa de enganar o povo, um arremedo de propaganda estatal em patente decadência. Tudo que fazem é repetir o que aprenderam com os especialistas do lado de cá.

"Como eu dizia antes da interrupção impertinente, a Venezuela vive uma catástrofe humanitária sem precedentes, e é isso mesmo o que queríamos. Algo semelhante foi programado para o Brasil; teria sido atingido não fosse o povo miserável desta terra — falou, virando-se na direção do homem forte —, que é mais ligado às questões espirituais e religiosas, o que acarreta muita lentidão na consecução dos nossos planos. Em seu país, atualmente — apontou agora o líder bolivariano —, a revolução resultou no quadro almejado por nós: quatro em cada cinco lares estão na miséria; a inflação está acima dos 800% ao ano; e o dinheiro restante está concentrado onde? Nas mãos de quem? Ora, correligionários das sombras... ou devo chamá-los de amigos das trevas? Aqui não necessitamos de máscaras, como já comentei."

Os interlocutores de Razzor entreolharam-se sem saberem como proceder. O peso da matéria fazia com que se mostrassem parcialmente limitados fora do corpo. Por isso, traziam a impressão, mais aguda no caso de Maduro, de que permaneciam em vigília, quando, na verdade, estavam desdobrados.

— Do homem forte — continuou o especialista da Horda — a Venezuela só não imitou o modelo de corrupção, pois, na verdade, todos vocês beberam da mesma fonte cá, nesta dimensão. Exatamente como lhes foi ensinado, cada um, à sua maneira, usou a chamada classe trabalhadora e os pobres apenas como destinatários dos seus discursos e das suas promessas. Aliás, a extensão dos discursos do homem forte e dos de Maduro, tanto quanto dos de seu predecessor, Chávez, foi uma das afetações copiadas da ilha comunista, prática em que Raúl e Fidel são célebres. Em Cuba, adotou-se o caminho do extermínio da oposição — desta vez, foi Castro quem se levantou, conforme fizera Maduro, mas logo se deu conta de que não precisava se defender. Sentou-se novamente, mirando Razzor, sem coragem nem motivo para contestar suas palavras.

"Porventura negam que todos, ainda que com muito mais ênfase no caso cubano, acabaram por forjar a ideia e a aparência de uma democracia que inexiste somente para esconderem a verdadeira face do mal, que domina nos bastidores e faz de tudo para esmagar quem não pensa de acordo com o regime e não se alinha com ele? Assim foram ensinados a fazer, e acredito piamente que são exímios atores nesse palanque nacional em que se converteram suas respectivas nações, meus caros."

— Mas você não precisava falar assim conosco,

companheiro, pois somos parceiros; temos uma aliança, um pacto, que deveria ser mais respeitado por você — argumentou Maduro.

— E o que é respeito para vocês e para nós? Encobrir a verdade? Ora, companheiros, cá, em nossa dimensão, não temos por que negar nossa verdadeira natureza.

— Verdade, Razzor, verdade — assentiu o homem forte, esboçando um riso malicioso e sarcástico enquanto fitava seu companheiro Castro, notando que ele se regozijava também. Somente o mais jovem entre eles continuava irritado.

— Você não fica atrás, homem forte: é um verdadeiro herói para boa parte da população. Conseguiu a proeza de ser idolatrado pelos mesmos de quem usurpou, os quais foram usados para que galgasse ao poder — nesse ponto, o homem forte se sentiu lisonjeado com a fala do especialista. — Pelo visto, pretende voltar ao comando da nação depois de sua trupe deixar o país em situação de emergência social e econômica.

— Vou voltar ao poder, não tenha dúvida! Já estamos em ação com um plano B, e o povo nem percebe. Exploramos as falhas do atual governo, distanciando-nos dele, e usamos o discurso de termos sido vítimas de conspiração e traição para fazer crer que a única saída é meu regresso triunfal. O povo me quer e vai me levar de novo ao topo. Acredite: a multidão não sabe o que a espera; tampouco meus opositores têm noção do que os esperam. Os que falam mal de mim não sabem...

— Basta verem o que Maduro faz em seu país e terão uma ideia — falou Razzor, às gargalhadas. Todos o seguiram, até mesmo Nicolás Maduro. — A maioria dos homens nem sequer desconfia que tudo isso faz parte de um planejamento feito do lado de cá há décadas; que trata é com seres espirituais e projetos arquitetados deste lado da vida, nas dimensões mais profundas do umbral. Iludem-se ao pensarem que estão diante de componentes meramente político-partidários, desligados de um pano de fundo muito mais abrangente, que é o lugar onde, de fato, tecem-se os enredos e engendram-se os fenômenos a que assistem. Aí é que está a nossa mais sublime vitória.

A CONVERSA INCLINOU-SE PARA a elaboração e o detalhamento de um plano audacioso que levasse em conta a natureza dos dirigentes ali reunidos. Entrementes, em outro local, os médiuns desdobrados começaram a chegar, trazidos pelos pretensos mentores ou especialistas enviados por Lucky.

Aparelhos voadores que deslizavam em baixa altitude transportavam alguns daqueles médiuns indicados pelo chefe da Horda. Outros vinham por meios diversos. Os emissários de Lucky Luciano — *il capo dei capi* — cumpriram sua determinação, como de hábito. Reuniam-se todos em amplo salão, num hotel de luxo da capital federal, no Setor Hoteleiro Sul. A maioria simplesmente obedecia ao chamado e à convocação, sem ao menos ter o devido discernimento acerca das implicações de sua decisão. Faziam-no por simples instinto ou por familiaridade com a metodologia dos agentes das sombras. Outros, entretanto, tinham plena consciência do que experimentavam, mas queriam, de todo jeito, participar ativamente, fazer parte dessa gangue, visando a vantagens pessoais, exatamente como advertira o chefe da Horda.

Depois que todos se acomodaram, Lucky chamou um espírito experiente em assuntos do psiquismo, enquanto, em outra sala, já recebia instruções um pelotão de elite da república, ainda que cooptado pelas forças malignas da Horda. O grupo era composto por três ministros do Supremo Tribunal Federal, entre os quais o que, naquela altura, presidia o Tribunal Superior Eleitoral. Eram peças-chave no golpe a ser perpetrado pelo homem forte, que articulava reassumir o poder por vias heterodoxas. Além dos magistrados, havia cinco empresários de grande projeção dentro do país e fora dele. Contavam-se também, entre os conduzidos àquela espécie de sala *vip* macabra, ministros de estado que ocupavam pastas de importância vital para a administração nacional, senadores e oficiais militares de alta patente, bem como um subgrupo misto, formado por governadores, deputados federais e jornalistas.

O plano era realizar pelo menos dez reuniões ao longo de um mês, sempre durante a noite. Como tudo se daria exclusivamente na dimensão extrafísica, deviam-se aproveitar os momentos em que tanto alvos quanto médiuns dormiam, ou seja, após as 3h, no horário de Brasília. O trabalho consistia no seguinte: médiuns emprestariam seu psiquismo à manifestação das autoridades, que seriam submetidas a diálogos e a outras técnicas de persuasão e também constrangimento. Para se encarregar dessa última função, outro grupo se achegava. Era constituído de psicólogos, terapeutas e magos da mente recrutados especialmente para atuarem como "doutrinadores" dos espíritos comunicantes, ou seja, aqueles que integravam a cúpula do poder nacional e haviam firmado aliança com as trevas mais densas.

Na verdade, Lucky seguia à risca os planos traçados pelos ditadores das sombras. Acoplaria os humanos em desdobramento aos médiuns ali presentes, igualmente desdobrados, e doutrinaria os primeiros, noite após noite, empregando técnicas de hipnose modernas, ainda desconhecidas dos estudiosos da Terra. Alguns poucos escolhidos teriam um tratamento ainda mais intensivo.

Foi curioso ver os grupos entrando em ação. Os médiuns concentravam-se na imagem tridimensional de políticos e de pessoas de renome que eram projetadas diante de si.

— Pensem no personagem à sua frente — falava a voz de um dirigente comum a todos os médiuns que serviam aos planos da escuridão. — Concentrem-se na característica de cada um, descrita logo abaixo da imagem. Mergulhem no seu modo de pensar, na maneira como agem e reagem. Esqueçam-se de tudo o mais — instruía a voz — e façam uma imersão total em cada pormenor do caráter e do *modus operandi* de seu alvo individual.

Lado a lado com os sensitivos, cada qual sentado em torno de uma pequena mesa, havia dois auxiliares magnetizando a fronte do médium que lhes cabia. Todos mantinham olhos fechados. Na outra sala, deitados sobre macas improvisadas na contraparte astral do amplo salão do hotel, os alvos do processo obsessivo em andamento caíam em sono magnético. Por meio dos implantes colocados anteriormente, toda conexão era facilitada.

— Desliguem-se de tudo o que estiver incomodando vocês — determinava a voz de um magnetizador instrutor, este, entre os alvos mentais da operação. — Vocês devem esvaziar as mentes de todo pensamento... esvaziar, esvaziar. Percebam apenas a minha voz e os meus comandos.

Na sala das autoridades — ou seja, dos alvos — havia um magnetizador ao lado de cada qual, enquanto os médiuns permaneciam em outro salão, realizando a operação na mão contrária, qual seja, estabelecendo sintonia com a mente dos poderosos. A intervenção espiritual corria aparentemente tranquila, enquanto ambas as turmas se colocavam em estado mental favorável.

Entretanto, a sordidez não conhece limites. As pretensões da Horda eram ainda mais ambiciosas. Para consumá-las, uns poucos entre aqueles indivíduos que exerciam poder e influência foram separados — justamente os principais personagens no drama que se desenrolava no país. Eram eles: um grande empresário e seu irmão; três empresários que seriam protagonistas de uma colaboração judicial; o ex-presidente da Câmara dos Deputados, que já havia sido usado para enfrentar a quadrilha do homem forte, por ter índole similar à dele; o chefe do governo que ruía; entre outros mais.

Esse time seleto seria submetido a um procedimento extra, ainda mais ousado. Ao longo daquele mês, Raúl Castro, Maduro e o próprio homem forte seriam acoplados à mente de cada um dos seus integrantes, como numa espécie de choque anímico, segundo muitos denominam o processo de um momentâneo, porém ultraintenso "casamento" psíquico. Com isso, os chefes de legião que delineavam as ações da Horda pretendiam deixar impressa, no cérebro extrafísico do esquadrão de notáveis, a maneira de pensar e de agir que caracterizava o trio tenebroso. Verteriam, assim, uma torrente de dados, experiências e ideologias, cuja descarga produziria o efeito de um influxo hipnótico de altíssimo impacto. Além disso, um vínculo magnético muito estreito seria estabelecido entre as autoridades visadas e o plano concebido no submundo, já que este estava inscrito em detalhes e profundamente arraigado no psiquismo dos três presidentes.

Nos bastidores da vida, um genuíno golpe estava para ser consumado. Içar novamente o homem forte ao centro do poder, proclamando-o salvador da pátria, poderia soar como o objetivo supremo, mas apenas a ouvidos ingênuos. À luz da política dos dragões, levada a cabo pelos espectros, era tão somente um meio. O estratagema era muito mais ardiloso do que se suporia mediante o exame ligeiro. A finalidade da ofensiva hedionda era ferir o âmago do Brasil, era corromper o mais recôndito aspecto da alma nacional, já injuriada com os eventos recentes. Em última análise, ao instigar o consentimento e até a aclamação popular do mau-caratismo e da perfídia como método, elevando a perversão à categoria de virtude, o que as trevas alcançavam era a subjugação de toda convicção nobre, o derrogamento de qualquer princípio ou valor moral. Os porões e os subterrâneos que se abriam a partir de então mal podiam ser vislumbrados pelo cidadão comum.

RAUL VOLTOU AO CORPO NITIDAMENTE preocupado com o que conhecera dos planos dos ditadores do abismo. Resolveu intervir de alguma maneira, mas ainda não sabia precisamente como. O corpo físico ficara visivelmente abatido com tudo o que presenciara do outro lado da delicada teia psíquica que separa as dimensões. Por não se sentir muito bem, resolveu pedir ajuda aos guardiões para que interviessem.

Jamar observava tudo através dos olhos de Herald e de Raul. Portanto, antes mesmo que este último pedisse ajuda, ele já tinha acesso detalhado às estratégias concebidas pelos espectros e levada a cabo por seus asseclas.

Watab corria contra o tempo tão logo recebera as ordens de Jamar. Havia intensa movimentação nas sombras profundas, porém, antes se fazia necessário distribuir pelas ruas do país as equipes de guardiões, pois teriam de deter, em caráter de emergência, manifestações em cadeia patrocinadas por dirigentes sindicais. De acordo com o programa concebido em seus gabinetes, deveriam ser levadas a termo com a explosão de muita violência, que seria desencadeada por gente infiltrada pelos próprios dirigentes.

— Não podemos nos deter para intervir diretamente nessa manifestação, senhores — disse Watab ao grupo de oficiais imediatos: Kiev, Dimitri, Semíramis, Astrid, Diana, Omar e mais alguns que representavam legiões de guardiões. Os oficiais superiores deveriam convocar um exército, pois a situação envolvia um número muito grande de pessoas, espíritos e processos complexos. Somente no plano físico, os agentes não tinham condições de lidar com uma ofensiva desse porte.

De mais a mais, convinha reforçar a guarda também por outro motivo: a nau brasileira em breve soçobraria outra vez, enfrentando desafios avassaladores, que abalariam os alicerces do governo federal. Por essa razão, Bezerra de Menezes e Eurípedes, acompanhados de Mauá e de José do Patrocínio, vieram em comitiva buscar o concurso dos guardiões a fim de amenizarem os efeitos do que estaria por vir. Queriam evitar desastres maiores, como a possibilidade do suicídio presidencial, o que decerto faria o país submergir no caos.

O próprio Jamar resolveu atender aos pedidos dos mentores, colocando-se ao lado do personagem central do escândalo, visando evitar uma reação destemperada. Não que aprovasse o comportamento e as atitudes dele, mas objetivava preservar a nação de algo que seria muitíssimo grave e estremeceria os fundamentos da república. Assim o fez.

Kiev e Dimitri, por sua vez, convocaram o exército de guardiões, o qual, na verdade, é apenas uma das formas de estruturação de uma grande equipe. O menor núcleo de guardiões superiores é denominado grupamento, que é constituído por um oficial, dois especialistas e três praças ou aspirantes a guardião. Em ordem crescente, vêm a falange, a hoste, a legião e, enfim, o exército, composto por sete legiões, ou seja: 2.401 oficiais, 2.401 sentinelas, 4.802 especialistas e 7.203 praças, que, no caso em foco, deveriam ser distribuídos por todo o país, com destaque especial para as cidades de Brasília, São Paulo e Rio de Janeiro, seguidas por outras capitais importantes. Convinha fazer tudo minuciosamente: observar, planejar e executar, visando atenuar impactos sobre a sociedade de modo geral e sobre o sistema financeiro em particular, que estava exposto ao risco.

Watab decidiu convocar novamente os exus — guardiões das ruas e das instituições — para tomarem conta das manifestações com aspiração ao vandalismo, enquanto ele, secundado pela equipe de imediatos, supervisionaria os acontecimentos relacionados diretamente à Horda.

Entrementes, Raul resolveu tomar providências por si só.

— Não aguento ficar aqui, de braços cruzados. Deus me livre desses espíritos do bem com essa pasmaceira, essa lentidão. Vou entrar em campo! — disse em voz alta.

Raul estava horrível. Fora trabalhar naquele dia, mas guardara tudo somente para si, sem comentar nada nem mesmo com os amigos mais próximos. Quando chegou ao serviço, tinha a aparência de quem havia sido atropelado por um caminhão. Em dado momento, não se conformando em ficar fora dos acontecimentos, resolveu descer as escadas do local onde atuava profissionalmente, adentrou um dos cômodos desocupados do lugar e deitou-se no chão mesmo, preparando-se para começar.

Tão logo se concentrou para sair do corpo, superagitado, notou que não estava só. A despeito disso, sentindo-se protegido e confiante, embora o corpo físico estivesse aos farrapos, forçou o corpo espiritual à decolagem. Um barulho diferente ouviu-se no interior da caixa craniana. Uma espécie de *ploc*, como se houvesse se quebrado algo deveras delicado. O cordão de prata tornou-se elástico imediatamente, como que obedecendo a um instinto ou a uma ordem inarticulada emitida pelo espírito. A sensação de descanso e de leveza tomou conta da mente e do psicossoma do sensitivo. Levitou poucos metros acima do corpo, virou-se e rodopiou, pairando de pé, ao lado do corpo, e fitando-o.

— Onde você pensa que vai? — indagou a voz firme atrás de Raul, uma voz que não podia ignorar.

— Joseph? Você aqui?

— Sim, sou eu, mas não estou aí. Estou a milhares de quilômetros de distância, embora, vibratoriamente, perto de você. Isso que vê é apenas uma projeção do meu espírito; posso estar em dois ou mais lugares ao mesmo tempo.[1]

---

1. Cf. "Forma e ubiquidade dos espíritos". In: KARDEC. *O livro dos espíritos*. Op. cit. p. 124-125, itens 92-92a.

"Odeio esse tipo de gente — pensou Raul. — Estar em dois lugares ao mesmo tempo... Por que raios, podendo estar em mais lugares, veio justo aqui, para perto de mim?"

— Vim para conversar com você, amigo. Precisa se acalmar e evitar fazer qualquer coisa precipitada — respondeu o espírito, denotando que sabia o que Raul pensava.

— Então, nem adianta, pois sabe muito bem que vou fazer o que precisa ser feito...

— Quem sabe pensa um pouco mais e decide fazer diferente?

Raul recusou-se a ouvir mais o espírito e, elevando a frequência do pensamento, emitiu um grito mental sem par:

— Irminaaaaa!... Irminaaaaa! Venha looogo, mulheeer!... Cadê você?

O espírito pareceu ignorar o grito mental de Raul e falou, com o sotaque que lhe era próprio, balançando a cabeça:

— Este é você mesmo, meu irmão. Nem mais nem menos do que você.

Como que dando um sinal previamente combinado, desvaneceu-se dali ao mesmo tempo em que outro espírito, um guardião, substituiu-o ao lado de Raul. Joseph já conhecia bem o médium e sabia que não arredaria pé de fazer o que já havia decidido. Ao reagrupar as moléculas do corpo espiritual, distante do local onde Raul estava, o espírito comentou:

— Ainda bem que tem gente decidida neste mundo. Eu não esperava outra atitude dele. Assim, resolverá dois problemas de uma só vez.

— Mas você aprova o jeito impetuoso e desrespeitoso do médium? — perguntou-lhe outro dos Imortais que o receberam no novo contexto.

Joseph olhou firmemente os olhos do espírito e respondeu, quase sem dar importância ao que dissera:

— Impetuoso, sim; desrespeitoso, não.

Sem dar maior atenção, após breve instante, acrescentou, refletindo a maneira pragmática de pensar que lhe era tão característica:

— Se ele resolver o problema, por mim, tudo bem; ajudará a seu modo. Desde que resolva, é o que importa, e não os pormenores de como tudo se dará.

Em seguida, saiu, sem se importar com a perplexidade do Imortal.

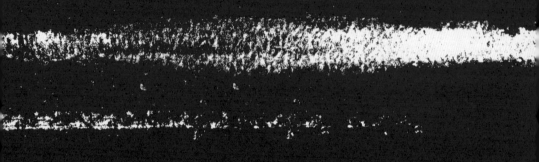

"Aquele, pois, que sabe fazer o bem e não o faz comete pecado."

Tiago 4:17

testando limites_

Capítulo 9

al Joseph Gleber se transportara a outras regiões a fim de dar continuidade ao seu trabalho, Raul prosseguiu resoluto com seu intento, sem esperar pela aprovação do orientador evolutivo. No fundo, sabia que, se Joseph quisesse, seria capaz de dissuadi-lo facilmente e até impedi-lo de fazer o que tinha em mente. Já vivera situações semelhantes e obtivera o aval do mentor, apesar da forma particular como tomava decisões. Contava com o fato de que os Imortais não agiam baseados em emoções nem tinham arroubos de sentimentalismo. Disso o médium tinha convicção, após tantos anos de serviço sob sua direção. Em parte, também porque, no período entre vidas, antes da atual experiência reencarnatória, gostava de ser treinado pelos guardiões nas regiões sombrias. Com eles se sentia à vontade. Talvez por isso tinha seu jeito decidido, direto e sem rodeios ao falar e ao agir. Os guardiões sem dúvida o influenciaram: são certeiros, politicamente incorretos e, às vezes, irreverentes; não têm pudores em dar nome aos bois e frequentemente incomodam.

"A culpa é de Jamar!" — pensou Raul, sem dar

atenção ao que se passava ao redor. "Odeio ter de dar explicações do que vou fazer. Afinal, o certo é certo, e o errado, errado, por mais que alguém o defenda. Jamar foi me dar cordas, agora que aguente..."

O rapaz viu o guardião que sucedera Joseph, porém, não deu bolas para ele. Continuou gritando mentalmente, chamando a amiga Irmina Loyola, que, naquele instante, estava do outro lado do planeta, na Bulgária, no exercício de atividades profissionais. Ao notar que ela não aparecia, resolveu partir sem mais delonga, a não ser por uma última providência.

Parou um pouco, concentrou-se e concentrou-se ainda mais, até que o corpo espiritual começou a mudar o aspecto. Passou as duas mãos nos cabelos e, enquanto as deslizava sobre os fios, tornava-se calvo, com apenas um rabo de cavalo encimando a cabeça. Novamente repetiu a operação, desta vez, à frente da cabeça, e as feições se modificaram por completo. Olhos grandes, lábios grossos e uma tonalidade de pele ligeiramente avermelhada. O corpo do médium, após a transfiguração, aparentava uma idade à volta dos 40 anos. Os trajes acompanharam a transformação e, então, eram roupas iniciáticas de algum mago duma época perdida no tempo. Vestia apenas vermelho-escuro, ante dos olhos perplexos do guardião. Mirando-o, com uma postura arrogante e altiva, falou, saindo em seguida:

— Vai ficar me olhando aí parado ou virá comigo?!

Anthony, o guardião que o acompanharia naquela incursão, fez que não entendeu nada, pois já havia sido informado, no momento da convocação, sobre a forma como o rapaz se portava fora do corpo. Preferiu ficar calado e segui-lo.

À medida que caminhavam pelas regiões sombrias, o próprio guardião transfigurava-se também. A aparência iluminada e a espada que rebrilhava feito ouro apagaram-se, gradativamente, dando lugar à feição de um soldado comum. As vestes, ora resplandecentes, transmutaram-se em roupas escuras, rotas, muito apropriadas ao ambiente aonde iam. Sob o impulso da mente do guardião, o armamento converteu-se em uma espada de aspecto comum, embora guardasse todas as propriedades concedidas pela tecnologia superior. Tornara-se opaca, aparentemente suja, e nada em seu feitio denotava se tratar de um equipamento forjado nas dimensões sutis.

Assim caminhavam os dois, enquanto Raul, ora

na conformação de Gilgal, movimentava os braços de determinada maneira, como a fazer movimentos cabalísticos no ar. De repente, um portal, ou algo assim, abriu-se diante de ambos. Atravessaram--no, embora parecesse terem sido engolidos por ele. Assim que reagruparam as moléculas dos corpos energéticos e espirituais do outro lado do portal, aguardava-os Irmina Loyola, com a aparência e as vestes costumeiras.

— Precisava gritar por mim dessa maneira? — questionou ela, com boa dose de ironia, antes mesmo de cumprimentá-los. — Onde estão a educação, a polidez?

— Deixa de mimimi, mulher! Vai ou não vai me acompanhar? Vou entrar no reduto dos magos de qualquer jeito.

— Ficarei aqui fora, Raul, para o caso de vocês precisarem de ajuda, afinal, alguém precisa ficar na retaguarda. Não vou, definitivamente — afirmou Irmina, convicta —, modificar minha aparência lindíssima para entrar nesse ninho de serpentes. Fico de plantão aqui fora enquanto vocês dois entram e destroem tudo.

— Não vamos destruir nada, mulher. Fique tranquila. Podemos precisar de você a qualquer momento.

Antes de Raul/Gilgal e Anthony penetrarem o reduto dos senhores da escuridão, chegou uma guarnição a mando de Watab, os chamados guardiões da noite, cuja especialização era justamente lidar com magos negros. Ficariam de prontidão enquanto Raul estivesse agindo conforme lhe competia. Watab tinha consciência dos planos do agente. Na verdade, ele contava com essa reação do médium. Somente não o provocara para aquela direção a fim de testar sua proatividade ou porque talvez suspeitasse que sua rebeldia pudesse atrapalhar.

O ambiente era escuro como breu, uma escuridão palpável, quase viva, embora, a despeito dela, fosse possível enxergar usando as propriedades do corpo espiritual, cuja visão era capaz de tudo perpassar se ele fosse conduzido pelo espírito com lucidez. O aspecto geral era o de uma grande caverna incrustada em meio a uma jazida de cristais no interior da Terra, na região astral denominada submundo ou subcrosta. As redondezas abrigavam uma fonte de energia impressionante, embora nem sequer a maior parte dos guardiões soubesse explicar por quê. Estavam sob o solo de Brasília.

Vegetações raquíticas assomavam aqui e acolá, lembrando cardos e certas plantas carnívoras, as quais se alimentavam de formas-pensamento nocivas. Tratava-se de um capricho da natureza astral, uma vez que era preciso higienizar o ambiente constantemente, devido às emissões dos habitantes locais. O interior da caverna apresentava-se mais ou menos organizado, embora o estilo do mobiliário fosse realmente medieval, com mesas e cadeiras rebuscadas, estantes repletas de livros empoeirados, feitos de um material tosco. Em todos os cantos, acumulava-se algo que, à primeira vista, nada mais era que lixo. Objetos de uso ritualístico também sobejavam ali, sobretudo em torno de uma ala semelhante a um altar, porém, cheia de apetrechos de um culto estranho, talvez de alguma religião perdida nos séculos e há muito extinta entre os homens. O chão do lugar estava recoberto de uma espécie de limo movediço. Raul e Anthony passaram por tudo sem se deter, evitando olhar para o solo astral.

— Aposto que são formas-pensamento configuradas como escorpiões, baratas e outros bichos repugnantes — falou Raul, ignorando o que pisava, sabendo que as criaturas se moviam feito loucas, ameaçando subir-lhes perna acima, mas em vão; eles marchavam velozmente. Raul andava com relativa desenvoltura, como se conhecesse o lugar de outras ocasiões.

— O ambiente lhe parece familiar... — notou o guardião, que, durante aquela expedição, permaneceu quase o tempo todo calado. Afinal, não adiantariam as tentativas de demover Raul de qualquer de seus planos — traço característico de sua personalidade, mesmo em sua vida social, entre encarnados.

— Já conheço tudo isso aqui! Parece que você que é novato neste ambiente. Já estive aqui com Irmina e alguns agentes do Brasil quando viemos sondar e pesquisar os planos dos magos para o país.

Caminhavam ambos observando os sinais cabalísticos incandescentes nas paredes do ambiente. No chão, além do limo e das formas parasitárias inferiores, havia também alguns símbolos do gênero. Raul estendia as mãos e emitia magnetismo por meio de determinados gestos, do modo como aprendera em outras experiências reencarnatórias, e assim desfazia os desenhos antes que pisassem sobre eles, exceto se pudessem contorná-los sem maiores esforços.

— Temos de ter cuidado, pois preciso fazer uma aparição surpresa. Estes sinais — falou para Anthony, apontando-os — são capazes de absorver magnetismo e constituem uma espécie de armadilha mental e emocional. Sobre você, talvez não produzam nenhum efeito, pois é desencarnado; no meu caso, entretanto, apesar da forma espiritual modificada, podem me sugar energia e ectoplasma, deixando-me desvitalizado.

Raul prosseguia firme lado a lado com o guardião, dissipando os laços inflamados do inimigo com puro magnetismo que irradiava de seus pés e suas mãos, de sorte que, onde pisava, os sinais cabalísticos eram dissolvidos, conquanto restasse um resíduo magnético pulverizado no solo ambiente. As formas-pensamento[1] com aspecto de baratas, escorpiões e ratos, ao encostarem nesse resíduo, também se desagregavam e eram absorvidas pelo lodo ferruginoso e sulfuroso que se espalhava pela região. O caminho até ali estivera totalmente deserto, pois os magos habitualmente se supunham totalmente seguros em suas fortalezas e, por isso, dispensavam a vigilância dos sombras,

1. Cf. PINHEIRO. *Legião*. Op cit. p. 57-69.

a milícia de espíritos escravizados que os servia.

Logo à frente, depois de cruzarem corredores intermináveis, pararam repentinamente diante de uma porta imponente, de mais de 4m de altura e bastante larga, parecendo ser feita de madeira maciça. Um símbolo invertido da estrela de Salomão, ou pentagrama, estava inscrito no portal, lacrando-o para qualquer estranho. Na verdade, era a fechadura. Gilgal logo soube o que tinha de fazer: tocar no centro da estrela com a mão espalmada.

Entrementes, Irmina permanecia na companhia da guarnição especializada no trato com magos negros, fato que explicava o nome pelo qual eram conhecidos entre os demais guardiões: especialistas da noite.

— Estou preocupada com meu amigo Raul — disse a um dos sentinelas enviados por Watab. — Ele é arrogante e muito obstinado; receio que possa passar algum aperto no covil dos senhores da escuridão.

— Não se preocupe, Irmina — asseverou um guardião extremamente gentil. — Raul não está só, e o guardião que o acompanha, na verdade, é um antigo senhor da magia, dos mistérios. Watab não o deixaria desprotegido, tampouco Joseph.

— Aqui fora da caverna parece desolado; tudo remete ao abandono — a agente comentou com Yiannis, um guardião ligado à cultura espiritual da antiga Grécia. — Embora eu saiba que não podemos baixar a guarda em nenhum momento, pois existem armadilhas montadas especialmente para deter intrusos encarnados em desdobramento. São armadilhas psíquicas muito eficazes caso o sensitivo não as conheça nem se previna.

Naquela região subcrustal, espíritos experientes na manipulação de mentes, principalmente *experts* na vertente política, reuniam-se para traçar os destinos dos povos do planeta. Representantes de diversas facções compareceram, desde inteligências ligadas ao narcotráfico, na dimensão sombria, até os magos negros, exímios especialistas da mente, passando por cientistas sociais e conselheiros políticos que, ao longo dos séculos, operaram nos bastidores de governos e países, tramando nos porões do poder, além de encarnados trazidos até ali pelos sombras por meio do desdobramento, na maioria, ativistas e líderes de movimentos que patrocinavam manifestações de turbulência social e violência, provenientes de várias partes do mundo. Havia ali, também, indivíduos associados ao radicalismo islâmico, que traziam os símbolos da estrela e do quarto crescente estampados no peito e uma cobertura de tecido negro encimando a cabeça.

De súbito, Raul e Anthony ingressaram no salão incrustado na caverna do submundo, embora não houvessem recebido convite para tanto, o que causou certo rebuliço entre os magos e seus asseclas. O guardião, com a aura apagada, não foi reconhecido como tal. Logo ao entrarem, identificaram cadeiras vazias, destinadas aos faltantes. Raul, tendo o corpo espiritual modificado como se fosse um antigo mago egípcio, manteve o olhar acima do ponto onde se fixavam os olhos dos magos, empregando certa técnica que aprendera com os guardiões. De cabeça erguida, num rompante de soberba misturada à petulância, Gilgal tomou a frente. Os dois simplesmente não cumprimentaram ninguém e se assentaram, como se fossem velhos conhecidos da corja. Passada a surpresa inicial, em instantes os demais perderam interesse na dupla recém-chegada, dada sua postura convincente, que acabou por calar qualquer questionamento.

Os dois olhavam por todos os lados, sem que a

assembleia se desse conta de que tudo registravam em sua memória extrafísica. Gilgal/Raul moveu sua cabeça num gesto previamente combinado com o sentinela, indicando certa direção para que também observasse. O alvo da atenção eram espíritos ligados ao Estado Islâmico e alguns mais, da outra corrente fundamentalista muçulmana. Atrás deles, que ostentavam o símbolo do Islã, viam-se, devido às propriedades do corpo espiritual, as imagens que povoavam suas auras. Pessoas despedaçadas, mulheres e homens-bomba, explosões e guerras, além de gente faminta, doente e na mais absoluta miséria, compunham a série de desgraças que eram patrocinadas por aqueles representantes da maldade.

Tentando mudar o foco da atenção, a fim de evitar tais imagens mentais, Gilgal/Raul notou a presença de mais um guardião ali. Enviou um pensamento a Anthony:

— Veja! É Omar, um velho amigo. Deve estar atuando como agente duplo também. Ele provém de experiências reencarnatórias no Oriente Médio, em países de maioria árabe e muçulmana — falou mentalmente, enquanto Anthony observava com discrição. Não podiam comprometer o disfarce e revelar-

-se guardiões superiores em hipótese nenhuma.

— Sei disso, Gilgal — respondeu o soldado do astral, também por telepatia. Ele sabia a respeito de Omar, que se infiltrara para reportar cada detalhe da reunião independentemente da resolução de Raul em comparecer.

Neste momento, uma espécie de juiz das trevas elevava-se acima dos demais, no púlpito, e discorria sobre os acontecimentos para estabelecer a desordem no plano físico e, portanto, atrapalhar qualquer tipo de progresso, causando terror na população e impedindo a propagação das ideias do Cordeiro por parte de médiuns vinculados às forças da justiça, com destaque para a publicidade dos planos dos ditadores do abismo. Comentou sobre a iniciativa de colocar uns contra os outros, isto é, opor o grupo dos representantes dos guardiões no mundo e os mensageiros dos magos que nele se infiltraram.

Em seguida, assumiu a palavra um antigo mago caldeu, que dividia a tribuna infernal com um ser das trevas em atuação exitosa na região da Líbia:

— Vamos introduzir nossa gente no Brasil mediante a manipulação dos parlamentares no Congresso. Pretendemos fazer com que eles aprovem certas leis que favorecerão a imigração de nossos aliados no plano físico, mas de forma tal que, previamente, tomamos as providências para assegurar que a imprensa não divulgue o que é arquitetado nos bastidores da política, evitando que nossas intenções sejam frustradas.

"Precisamos levar avante nosso projeto de manter o clima internacional de antagonismo e fomentar a guerra com a ajuda de grandes nações. Espalhar os focos de terrorismo atende a esse objetivo, pois necessitamos de grande quantidade de ectoplasma, contanto que recolhido em meio a fortes emoções de dor, a fim de que tenhamos combustível suficiente para cumprir nossas metas nas Américas do Sul e Central."

Um dos seres da escuridão, a certa altura, tomou a palavra para anunciar, em poucos instantes, algo que surpreendeu a assembleia:

— Pretendemos libertar os *daimons* de suas prisões eternas, pois temos conhecimento de que a magia não é natural deste planeta, tampouco deste sistema e muito menos desta galáxia. Libertando-os, alcançaremos projeção na estrutura de poder invejável que eles erigiram. Reparem que, mesmo depois de circunscritos às regiões ínferas, que nenhum de nós sequer conhecemos, ainda assim seus ditames funcionam rigorosamente, sendo levados a efeito por seus subordinados fiéis, os espectros.

A fala do mago causou tumulto entre os presentes, pois a grande maioria discordava da ideia. Afinal, não queriam correr o risco de ter que dividir o poder com os temíveis dragões.

Gilgal/Raul ouvia tudo atentamente, porém, com certa impaciência, pois sabia que, em outro canto, os filiados a Bugsy e Lucky punham em movimento seu plano diabólico, enquanto os magos perdiam tempo discorrendo sobre eventos e planejamentos que todos ali — ou pelo menos ele e os guardiões — conheciam em detalhes. Raul pretendia colocar os magos contra a Horda e, assim, sabotar a continuidade das reuniões mediúnicas que visavam a empresários, deputados e senadores, além de ministros e outras autoridades brasileiras.

Logo mais, um cientista subiu à tribuna e expôs a intriga desenvolvida para agir na internet, violando dados de pessoas, empresas e órgãos de estado. Ao ser fomentada a armazenagem do maior volume possível de arquivos na chamada nuvem, organizações e instituições mundiais jamais estariam tão seguras quanto pensavam os especialistas encarnados. Os cientistas das sombras trabalhavam para, a qualquer momento, permitir que as informações fossem alvo de *crackers*, de adulteração ou de vazamento, visando à manipulação de quem fosse ou à simples desestabilização social, conforme os magos julgassem adequado.

Outro ser, de aparência grotesca, então começou a falar dos projetos nucleares de dois países do Oriente e dos passos para disseminar o caos entre a população. Falava a respeito de um sistema de governo teocrático e de um ditador, ambos em suas mãos, ensandecidos pelo desejo de domínio e poder. Nitidamente, fazia referência ao Irã e à Coreia do Norte, respectivamente.

Neste ponto, Gilgal/Raul não aguentou mais e levantou-se de chofre, interrompendo a preleção do expoente do submundo, deixando até mesmo Omar e Anthony perplexos diante da ousadia da intromissão, logo ali, no seio da elite das sombras:

— Senhores, senhores, por favor, prestem atenção — falou em tom de voz alto, sobrepondo-se ao espírito que discursava, sem dar tempo de ser questionado. — Meu nome é Gilgal, e estas são minhas credenciais para que saibam quem se dirige a Vossas Excelências, senhores absolutos da escuridão e da magia ancestral.

Arremangou a bata vermelha que o cobria, mostrando símbolos cabalísticos impressos qual tatuagem, em ambos os braços, mas sem dar muito tempo aos magos para perscrutá-los. Prosseguiu:

— Enquanto nós perdemos tempo aqui, planejando coisas a respeito das quais já nos entendemos e já estamos cansados de saber, em outro local, a Horda está reunida com políticos e autoridades diversas em desdobramento, além de certos homens de poder tanto do Brasil quanto da Venezuela e da Colômbia. Todos estão prestes a ser submetidos a um processo de subjugação do controle mental. Vamos fazer alguma coisa a respeito ou seremos preteridos por essa facção, que ninguém sabe de onde vem nem a serviço de quem opera? Estamos dispostos a abdicar do domínio sobre os políticos do Brasil? Ofereceremos de mão beijada nossas marionetes no mundo? — provocou, referindo-se àqueles que eram manipulados pelos magos. — Sei que, durante longo tempo, muitos aqui lutaram para instaurar o caos no Brasil e nos países vizinhos. Agora, porém, perdem tempo com ideias e explicações que só serão úteis à Horda, para dar-lhe tempo de dar o bote! Logo, logo serão Vossas Excelências que terão de abandonar seu refúgio, pois a Horda não brinca em serviço.

— E como você sabe desses planos da Horda? — perguntou um dos magos. — Diga: como sabe de tantos detalhes sobre esse grupo de poder que ousa cooptar nossas presas?

— Eu próprio me imiscuí no meio deles para saber a que vieram e o que planejam. Eis aqui! — falou Gilgal, entregando um pequeno papel com a identificação do local onde Lucky e seus comparsas se reuniam com as marionetes desdobradas, na iminência de realizarem uma espécie de lobotomia espiritual em seus alvos.

O mago tomou o papel nas próprias mãos e, logo que o tocou, projeções holográficas surgiram a partir do material fornecido por Gilgal, com sua aparência imponente de mago egípcio, sendo ele o único ali que trajava escarlate, pois os demais vestiam preto, cinza ou tons ferruginosos. O mago repassou a informação escrita e cifrada apenas aos mais importantes senhores da magia ali presentes, entretanto, todos resolveram, em meio à azáfama causada pela intervenção de Gilgal, interromper a reunião urgentemente e sair rumo ao local onde suas presas estavam para ser arrebanhadas de suas mãos.

— Não toleraremos uma ofensiva dessa categoria! — bradou em fúria contra a Horda um dos magos mais perigosos no recinto.

Todos partiram às pressas, arrastando seus mantos escuros e andrajos umbralinos impregnados de fluidos densos e resíduos tóxicos próprios das regiões inferiores. Gilgal conseguira embargar a conferência dos poderosos das trevas e colocá-los em confronto direto contra Lucky e sua máfia. Anthony olhou significativamente para Gilgal/Raul, dando a entender que estava de acordo com a atitude dele. Com sua forma heterodoxa, ele lograra mudar o destino dos espíritos sujeitos ao maior processo de obsessão complexa visto até então.

Gilgal e Anthony saíram do ambiente por último, antes, porém, aproximaram-se de Omar. Travestido de mago escarlate, Raul entregou a Omar, igualmente disfarçado, outro papel tecnológico com um mapa mental do que deveria ser feito a partir de então. Omar deteve-se, pois, de acordo com aquela estratégia, teria muito a fazer ali mesmo, num dos redutos dos magos.

JÁ MAIS PRÓXIMO À SAÍDA da caverna de cristais, Anthony e Gilgal notaram a presença de um ser bastante diferente. Era um reptiloide, um extraterrestre que se arrastava com suas escamas, seu rabo e seus olhos redondos, muito expressivos, por entre os recônditos do antro dos magos negros. O mago escarlate não se conteve e aproximou-se do ser, distinto de todos os demais:

— Que faz por aqui, ser das estrelas? — falou apenas mentalmente, pois sabia que uma linguagem articulada comum seria de todo impossível tanto para ele quanto para o ser extraterrestre. Forçou para se lembrar da técnica que facultava, com relativa facilidade, a comunicação entre seres de culturas diferentes, aprendida nos cursos da erraticidade, isto é, no período entre vidas.

O alienígena olhou para os dois emissários dos guardiões e, ao perscrutá-los, como que fazendo uma espécie de escaneamento ou varredura psíquica de ambos, respondeu com o pensamento, dirigindo-se a Gilgal/Raul:

— Nós dois somos seres que estamos projetados nesta dimensão dos que se intitulam magos.

— Então você está encarnado e desdobrado aqui, neste reduto?

O alienígena permaneceu algum tempo em silêncio. Naquele momento, já haviam conseguido boa distância dos magos, que saíram em debandada rumo ao local onde Lucky estava com a Horda reunida e seus associados.

— Sei quem vocês são e não estou preocupado com o jogo que vocês estão fazendo. É uma excelente estratégia de guerra a que você usa, e os magos nem sequer desconfiam que eles é que foram manipulados.

— Se não fosse assim, eu não seria um estrategista — respondeu Gilgal/Raul, sem tirar o foco do ser das estrelas.

— Estou aqui na Terra há muitas décadas, juntamente com alguns membros de nossa raça. Somos apenas uma entre as várias raças que disputam o domínio sobre seu planeta. Existem outras nove atualmente, pelo que sei. Cada uma a seu jeito, todas atuam nos bastidores da política no seu mundo.

— Como fazem isso sem que os magos e outras facções do submundo os impeçam?

O ser ficou mais um momento calado, enquanto atingiam o local fora da caverna, sendo recepcionados por Yiannis e Irmina. Juntaram-se, e o visitante do espaço continuou falando, pois se sentia tão seguro que não temia se revelar aos emissários da justiça:

— Dominamos amplamente os artífices da política na Rússia e temos um dos nossos semimaterializado[2] entre os conselheiros de Putin. Mas não nos interessa disputar o poder com esses que se dizem senhores da magia; não competimos pelo mesmo território.

"Minha raça intenta, de fato, colonizar este mundo; porém, sem entrar em confronto com facções de poder das trevas nas regiões espirituais. Queremos triunfar silenciosamente, infiltrando-nos entre os homens de mando e substituindo-os, sobretudo os donos da política e do dinheiro. Roubando-lhes a identidade energética, em breve nos tornaremos os conquistadores do planeta. Com essa estratégia,

---

2. Cf. "Os agêneres". In: KARDEC, Allan. *Revista espírita*: jornal de estudos psicológicos. Tradução de Evandro Noleto Bezerra. Rio de Janeiro: FEB, 2004. p. 62-66. (Ano II, fev. 1859.); PINHEIRO, Robson. Pelo espírito Ângelo Inácio. *O agênere*. Contagem: Casa dos Espíritos, 2015. (Crônicas da Terra, v. 3.)

pretendemos permanecer discretos, sem o alarde de uma invasão aberta, declarada. Quando concluirmos a execução de nossos planos — continuou o visitante do espaço —, ao nos apossarmos das mentes de certos homens de negócio e de autoridade, começará então a invasão propriamente dita, sem naves, sem sermos percebidos. Gradativamente, substituiremos seres humanos, usando seus próprios corpos ou aqueles manipulados em nossos laboratórios, dotados de aparência idêntica à daqueles cujos lugares assumiremos."

Irmina compreendeu aonde Raul queria chegar e se imiscuiu, fazendo uma pergunta significativa à luz dos planos do ser de outro sistema:

— Como farão vocês, extraterrestres, para adquirir as lembranças e os registros mnemônicos da pessoa que até então habitava o corpo que pretenderão ocupar?

O ser olhou para Irmina com tom de reprovação quanto à intromissão, no entanto, demonstrava tamanha confiança de que sua segurança não estava em risco que respondeu, sem titubear:

— Estudamos há décadas os corpos dos humanos que tombam em suas guerras. Descobrimos, em nossas pesquisas, que o cérebro dos humanos retém imagens e lembranças por algum tempo, apesar de curto, após a morte. Tais elementos perduram na rede neural de vocês, e, além disso, as imagens mentais continuam povoando o ambiente em torno do corpo morto por algumas horas. Os únicos que nos são imprestáveis são os que praticam o autoextermínio. Os demais, independentemente da forma como morrem, podem servir aos nossos propósitos. Por isso, também ajudamos a patrocinar certas investidas de grupos terroristas, bem como quem os financia.

"Ao ser mapeada a estrutura cerebral e nervosa dos que morreram e morrem em conflitos do gênero, a identificação daqueles que nos serão úteis é bastante favorecida. Apossamo-nos das imagens, dos registros mentais residuais e das emoções impregnadas nas células recém-desocupadas pelo morto e, então, absorvemos tudo, todas as memórias cerebrais, recompondo seu histórico pessoal. Estamos bem adiantados em outras experiências também, o que talvez nos aponte uma alternativa melhor do que nos valermos de pessoas assassinadas por sua própria raça."

— Assassinados por humanos, de fato; todavia, inspirados pelos magos e por vocês, naturalmente — redarguiu Raul, enquanto os guardiões anotavam tudo em seus aparelhos de tecnologia superior.

O estranho ser do espaço fitou o grupo com seus olhos redondos e quase sem pálpebra e avançou em seus comentários:

— Nem sempre precisamos insuflar ideias ou patrocinar ações dos chamados magos para promover o terrorismo e as guerras, que nos fornecem matéria-prima para nossa pesquisa em curso. Conseguimos bons resultados com pessoas ainda vivas em determinadas circunstâncias. Favorece-nos quando um humano entra numa espécie de crise intensa, que pode ser um coma ou algo análogo. Nessas ocasiões, somos capazes, em vários casos, mas não em todos, de nos ligar aos registros impressos nos neurônios do enfermo. Nessa vertente, já estamos adiantados na consumação do roubo da memória holográfica, a qual contém imagens, identidade energética e emoções do hospedeiro. É um processo em fase de testes, um pouco mais demorado.

"De posse dos dados necessários, moldamos nossos corpos para que assumam conformação idêntica à dos terráqueos. Em certas situações, já chegamos a substituir por período relativamente longo o dono do corpo; existem algumas experiências assim em pleno andamento.

"Em suma, nossa invasão obedece a um roteiro cuja execução foi posta em marcha há décadas, o que lhes permite inferir que o tempo dos humanos na Terra não é nada para nós."

Raul e Irmina não perderam tempo e emitiram um sinal para os guardiões. Anthony e a guarnição de especialistas da noite enviados ao local por Watab imediatamente prenderam o ser do espaço num campo de forças de tal magnitude e tal frequência que lhe foi impossível se libertar, embora se tenha debatido de forma vigorosa dentro do campo invisível. Uma vez capturado, seria conduzido a uma base apropriada dos guardiões, a fim de que seus planos pudessem ser descortinados ainda mais abertamente, estudados em profundidade. A intenção era que, no futuro, o esquema das invasões alienígenas silenciosas fosse decifrado por completo e, quiçá, debelado. Afinal, a convicção do reptiloide sobre a inviolabilidade da própria segurança fora abalada de modo definitivo diante da potente tecnologia dos guardiões, aplicada de súbito contra o ser das estrelas.

Os dois agentes da justiça desdobrados se retiraram, deixando os guardiões tomarem conta do ser extraterrestre, que olhava para eles com furor. Gilgal, que, àquela altura, lentamente reassumia sua forma de Raul, virou-se para Irmina:

— Dois coelhos com uma cajadada só! É impossível que Jamar ou Joseph me chamem a atenção — disse, com ar de vitória.

— Aliás, como eu digo, repetindo certo pensamento que um dia ouvi de você mesmo: "Ruim comigo, pior *sem-migo*".

E foram-se rumo a outro local para se reabastecerem e, então, regressarem às atribulações da vida em vigília.

"O anjo do Senhor acampa-se ao redor dos que o temem, e os livra."

SALMOS 34:7

"E a besta, que era e já não é, é ela também o oitavo, e é dos sete, e vai à perdição. E os dez chifres que viste são dez reis, que ainda não receberam o reino, mas receberão poder como reis por uma hora, juntamente com a besta. Estes têm um mesmo intento, e entregarão o seu poder e autoridade à besta. Estes combaterão contra o Cordeiro, e o Cordeiro os vencerá, porque é o Senhor dos senhores e o Rei dos reis; vencerão os que estão com ele, chamados, e eleitos, e fiéis."

APOCALIPSE 17:11-14

guerra de facções_

Capítulo 10

ambiente era de profunda concentração nos objetivos da facção criminosa que disputava o domínio sobre um grupo seleto composto por parlamentares, ministros e outras autoridades, bem como por empresários e demais pessoas influentes ali presentes, todas projetadas na dimensão astral por meio do desdobramento consciencial. Muitos se assentavam em móveis preparados pela engenhosidade dos espíritos especialistas da Horda, enquanto outros, os principais elementos do estranho ritual de manipulação mental, deitavam-se em macas. Os médiuns desdobrados e aliciados pela máfia das trevas, nesse momento, já haviam se posicionado ao lado de vários alvos, e eram secundados por psicólogos, hipnos e cientistas da mente.

Já estavam avançados os preparativos para a intrusão psíquica numa proporção possivelmente jamais tão ousada — caso se considere a combinação de dois fatores: escala e intensidade —, sobretudo por atingir a cúpula dos três poderes e o cerne da economia privada e da imprensa. De modo algum que o país e seus 200 milhões de habitantes, aproximadamente, passariam incólumes por tão forte abalo, por tão grande golpe no cérebro nacional.

As trevas mais ínferas estavam atentas, pois os últimos acontecimentos demostraram que o povo começava a reagir, e alguns integrantes da Justiça, do Ministério Público Federal e da Polícia Federal estavam determinados a perseguir e erradicar o maior esquema de corrupção já descoberto no país, se não no mundo. Além do mais, diversos agentes encarnados da justiça divina, reunidos a partir de várias partes do mundo, promoviam uma ofensiva igualmente sem precedentes sobre os filhos das trevas. Tais fatos poderiam denotar grave empecilho aos grupos de poder do submundo.

Watab e a comitiva de guardiões aproximavam-se vibratoriamente do local onde se reuniam os especialistas da Horda.

— Não vamos deixar de nos precaver contra os representantes do Cordeiro — falou o general das tropas, o responsável pela segurança da Horda. — Precisamos posicionar nosso exército em torno deste local, pois o que realizamos aqui é algo nunca antes experimentado.

— Não se preocupe, general, pois dispus nossas tropas de maneira que não há como ninguém ultrapassar as barreiras do entorno. Primeiro, posicionei um cordão de isolamento formado por entidades vampiras, capazes de sugar as reservas energéticas de quaisquer miseráveis que tenham a habilidade de se projetar além do corpo. Elas cheiram de longe o ectoplasma dos encarnados. Conseguimos aliciar um grupo numeroso de vampiros, dispostos a tudo mediante o recebimento de uma cota de fluidos humanos. Damos migalhas a eles, que não servem a nosso propósito, de tão envenenados por vícios e comportamentos depravados.

— Mas devemos nos precaver de modo especial contra os agentes encarnados da justiça. Existe número apreciável deles pelo mundo inteiro, agora, conectados através da internet, atrevendo-se a práticas espirituais avançadas. Quero saber se nossos planos para lhes boicotar o trabalho já estão em andamento. Urge tomar alguma medida de acordo com as fraquezas dessas pessoas.

Antes mesmo de prosseguir o trabalho com os médiuns desdobrados, trazendo sindicalistas por meio da projeção de seus corpos espirituais na dimensão extrafísica, o coronel Razzor confidenciou ao general daquele exército de espíritos inimigos do bem:

— Os planos já estão em pleno andamento, senhor. Visam à desestabilização dos agentes, predispondo-os à animosidade entre si, acentuando a insegurança de um ou outro líder do movimento dos guardiões. Tratamos de espalhar comentários e fofocas pela mesma ferramenta que utilizam, a internet, a fim de desprestigiar a imagem de muitos, sobretudo dos responsáveis. Entre outras coisas, pretendemos usar as emoções, a tendência à mentira, o hábito de omitir ou esconder informações, de ser menos transparente, com o objetivo de minar o quartel-general dos representantes encarnados dos guardiões. Não passarão ilesos os que militam nas fileiras dos opositores.

"Nossos especialistas elaboram uma estratégia para afastar uns dos outros, acentuar a desconfiança mútua e, sobretudo, fazer as mensagens dos espíritos que lhes orientam caírem em descrédito. Assim sucedendo, erodirão a célula-base, de onde irradiam o conhecimento e as diretrizes para todos ao redor do mundo. Semearemos um tipo de discórdia velada, que se instalará devagar, além de exacerbarmos as emoções em detrimento da razão. Um será levado a falar e se queixar do outro sem perceber e, principalmente, sem admitir tal comportamento. Tudo concorrerá para que deem mais valor às suas questões emocionais, pois se sentirão traídos, aviltados, emocionalmente instáveis.

"O objetivo é claro: impedir que o trabalho continue com o fervor e a qualidade com que foi iniciado. Colocaremos gente que lhes é familiar no cerne das instituições das quais fazem parte, contudo, gente já contaminada por nossas ideias. Assim, esfriaremos o 'primeiro amor',[1] apagaremos a chama da fé e da dedicação. Sem que o detectem antes que seja tarde, propostas diferentes gradualmente se misturarão aos objetivos originais, modificando o projeto espiritual pouco a pouco, com discrição, mas com um grande trunfo: tudo será interpretado como modernização, qualificação, aprimoramento do trabalho."

— Então não preciso me preocupar com essa gente ignóbil?

— Asseguro-lhe, general! — falou Razzor. — Eles próprios se encarregam de se autodestruir. São peritos nisso! Basta recorrer ao emocionalismo abundante contra eles próprios. Com isso, aprofundam o

---

1. Ap 2:4.

hábito de se calarem ante algo que os incomode, fugindo ao assunto; por conseguinte, agravam o problema, o conflito se instaura e, sem o abordarem, apartam-se uns dos outros e acabam por esmorecer, um a um. Logo alguém se afastará definitivamente do grupo — e isso será bom para nós. Presa fácil! Veja bem: seria muito proveitoso converter um ex-agente dos guardiões em nosso agente, pois já viria treinado em habilidades que nos serão utilíssimas![2]

Razzor deu uma gargalhada sem igual, embora seu comandante tenha permanecido em silêncio, olhando-o admirado, talvez mais do riso nervoso que da estratégia delineada.

AO LONGE, O CLÃ DOS MAGOS se assemelhava a um bando de abutres negros voando em baixa altitude. Fa-

---

2. "Prometendo-lhes liberdade, sendo eles mesmos servos da corrupção. Porque de quem alguém é vencido, do tal faz-se também servo. Porquanto se, depois de terem escapado das corrupções do mundo, [...] forem outra vez envolvidos nelas e vencidos, tornou-se-lhes o último estado pior do que o primeiro. Porque melhor lhes fora não conhecerem o caminho da justiça, do que, conhecendo-o, desviarem-se do santo mandamento que lhes fora dado" (2Pe 2:19-21).

ziam barulho infernal, à semelhança de uma matilha, emitindo uivos que podiam ser ouvidos ao longe. Uma nuvem de fluidos escuros e tóxicos os precedia, espalhando-se por entre as construções da cidade, principalmente na Esplanada dos Ministérios. O cúmulo espesso de emanações infectas penetrava aonde quer que fosse à medida que se expandia; somente escapavam pontos de reunião e oração das diversas religiões, abrigados em templos ou centros de irradiação mental e espiritual ou mantidos por estes em locais estratégicos da cidade. Os magos vinham levitando, conquanto, para isso, se valessem de aparatos tecnológicos, os quais, paradoxalmente, pareciam bigas, as carruagens de guerra da Antiguidade. Voavam a mais ou menos 2m de altitude, não mais do que isso.

À frente e atrás dos senhores da escuridão, uma malta de entidades vampiras e um exército de sombras, a milícia secreta que há séculos lhes servia. As tropas eram compostas, de modo geral, por seres que, na Terra, guerrearam cega e ferozmente em nome de causas a que se entregaram sem reservas, abraçando o fanatismo em detrimento do raciocínio. Tratava-se de extremistas religiosos, terroristas de várias procedências, ou homens-bomba e camicases, cujos corpos espirituais foram reorganizados sob influxo mental de certos especialistas a serviço dos magos. Traficantes de drogas de diversos países e épocas também eram largamente recrutados. Todos passavam por treinamento com os oficiais mais experientes e sujeitavam-se à manipulação e à hipnose promovidas pelos próprios lordes da escuridão profunda.

Uma vez que tinham primazia na disputa pelo poder na América Latina, jamais os antiquíssimos iniciados das trevas cederiam o mando para qualquer outra facção que porventura se intrometesse no covil onde se congregava a elite de seus fantoches encarnados. Com os magos cheios de ódio e grande ira, talvez sua marcha rumo ao ataque ali, na capital federal, pudesse ser bem expressa nas palavras do profeta: "Ai dos que habitam na terra e no mar; porque o diabo desceu a vós, e tem grande ira, sabendo que já tem pouco tempo".[3]

A falange de almas malditas parecia não conhecer limites. Violava todo lugar, desde que encontrasse humanos encarnados que se afinassem com sua mente diabólica, com o projeto hediondo de poder,

3. Ap 12:12.

com a política abjeta e obscena que lhe animava. Deixava sua marca, seu selo e um rastro de fluidos perniciosos por onde quer que passasse e onde se infiltrasse. Por outro lado, ao deparar com pessoas ou grupos que pensassem o contrário, isto é, que atuassem em conexão com a proposta de renovação da humanidade — denominada Evangelho —, passava ao largo, sem perder tempo.

Magos negros irradiam ira, furor, ódio e vingança por todos os poros de sua epiderme espiritual. A maior parte deles, assim como os que salteavam Brasília, exibe corpos energéticos deformados, devido à ação do tempo, uma vez que reluta em corporificar-se, mergulhando na vida material, durante séculos e, em alguns casos, até milênios. Entretanto, não lhes é dado adiar definitivamente a vivência em novo corpo físico. Alguns deles, em passado recente, ao serem capturados pelos guardiões, foram submetidos à experiência reencarnatória em organismos dotados de carga genética compatível, por meio dos quais pudessem expressar o conteúdo de suas almas doentias e rebeldes. Quem sabe surtiria efeito um último esforço em corpos físicos, em cadeias de carne, privados de exprimir suas vibrações e seu pensamento execrável? Era a derradeira tentativa de um processo reeducativo ainda no planeta Terra.

Não obstante, aquele grupo remanescente partira rumo ao local onde se concentrava a Horda de Razzor, Lucky e Bugsy. O mago negro mais antigo daquele grupo, Egbá, o qual coordenava uma guarnição a partir de uma das bases na subcrosta de Brasília, e Amon-Saat, outro dos iniciados mais poderosos, iam à frente da súcia de feiticeiros do astral mais subterrâneo, precedidos todos pelo batalhão de choque dos sombras.

— Senhor, algo estranho está acontecendo! É urgente que venha ver o que se passa.

— Fale, sentinela — respondeu Bugsy para seu imediato, que prestava atenção em tudo ao redor na capital federal. — Sabe que nada poderá nos deter ou nos impedir de levar avante nossos planos.

— Uma nuvem escura, senhor, com o aspecto de uma maldição, vem se alastrando sobre a cidade. Parece crescer a partir do centro do poder federal. É algo sombrio, como um mau presságio — falou o servo, meio atônito, para seu superior.

— Você sabe, criatura, que eu não tenho medo de presságios nem de nenhuma força mística. Nunca me dobrei diante de ninguém e não acredito em presságios ou forças malignas, a não ser a dos espectros. Esses, sim, a única força que respeito.

— Mas, senhor... — balbuciou o infeliz das sombras, em vão.

Bugsy não deu atenção ao relato, pois estava totalmente concentrado na ação de seus especialistas. Competia-lhe levar avante o plano descomunal arquitetado pelos chefes de legião.

ENTREMENTES, UM GRUPO DE guardiões descia vibratoriamente sobre os arredores do Plano Piloto. O próprio Watab o conduzia, assessorado por Semíramis e Astrid, enquanto Kiev e Dimitri distribuíam os demais pelas cercanias, prontos para entrar em ação. Foi Kiev quem deu o alerta:

— Guardiões, emergem na cidade um exército de magos e seus asseclas. Trata-se de um grupo muito expressivo. Tudo indica que haverá confronto entre os obsessores.

— Tranquilize-se, Kiev — falou Watab, assegurando-se de que seu pensamento fosse percebido por todo o contingente. — Não entraremos em combate com as entidades obsessoras; esse é um tipo de guerra que não nos diz respeito. Vamos agir junto dos homens desdobrados: médiuns, políticos e empresários envolvidos nessa trama. Fiquem atentos ao meu comando.

Um a um, os guardiões se colocaram em posição, conforme os planos traçados por Watab e seus especialistas. Aguardavam o momento de agir em profundo silêncio. Nenhum dos lados, nenhum dos grupos, fosse a trupe de Lucky, fosse a dos magos, percebeu a presença dos guardiões e das guardiãs.

Semíramis falou em seguida, ao se reagruparem os oficiais dos especialistas da noite:

— Kiev, eis nossas diretrizes quanto aos políticos e aos empresários envolvidos. Selecione os homens mais experientes sob seu comando e disfarcem-se, diminuindo a vibração do corpo espiritual. Devem se passar por espíritos comuns, sem nenhum atrativo ou algo que os identifique, despercebidos, sobretudo, pelas facções que digladiarão.

Kiev examinou o mapa mental entregue por Semíramis, a mais antiga entre as guardiãs, e admirou a tática desenvolvida. Fitou a mulher com um olhar de respeito e admiração.

— Não diga nada, guardião. Vamos trabalhar!

Muita coisa depende de nossa habilidade em seguir o planejamento estratégico.

Kiev calou-se, pensando nos conceitos discutidos entre os guardiões durante as aulas em que estudavam temas como estratégia. Maravilhou-se do conhecimento de Semíramis, o qual remontava a épocas imemoriais, quando ela estabeleceu, na companhia de outros, uma das civilizações mais poderosas do passado longínquo.

Um mapeamento como o que Kiev recebera da guardiã — sempre muito reservada quanto à sua procedência espiritual, que não revelava — consiste de um gráfico por meio do qual se podem comparar certas informações de determinada região ou de determinados grupos de indivíduos. Trata-se de um levantamento de dados, descrito de maneira bem clara, capaz de ser examinado com rapidez. Pode ser utilizado, por exemplo, em meio a um confronto espiritual, para conhecer pormenores dos inimigos do progresso e da evolução e, além disso, os recursos disponíveis aos guardiões naquela disputa. Tal mapeamento abrange toda a estrutura de ataque do adversário, incluindo seu pensamento. Desse modo, permite aos guardiões e a seus agentes ter uma visão nítida e minuciosa da estratégia dos opositores ao bem e à justiça. Trata-se de um recurso possível, no entanto, tão somente num trabalho conjunto entre guardiões e certo tipo de agente encarnado em desdobramento.

Astrid, que, até o momento, observara tudo em silêncio, afinal se manifestou:

— Repare o seguinte, meu caro Kiev: o mapeamento mental, ou a modelagem do pensamento dos opositores à política divina, não faz parte do combate em si; é apenas um recurso que precede a batalha espiritual.

— Nossos agentes no plano físico tiveram um papel central para o confronto prestes a eclodir, não é mesmo, Astrid? A impetuosidade deles fez com que os magos viessem de encontro à turma de gângsteres sob o comando de espectros.

Um pelotão especial cercava o Palácio do Planalto a fim de evitar algo mais delicado ainda para o futuro da nação. Era tarde da noite do dia 16 de maio de 2017 quando esses acontecimentos tiveram seu estopim.

OS MAGOS CHEGARAM COM TUDO, com todo o seu arsenal de guerra, manipulando elementais e seres das profundezas mais atrozes. Desfecharam uma investida fulminante sobre o grupo de Lucky. O chefe dos chefes e seu braço direito foram pegos de surpresa ao depararem com a tropa de sombras e magos negros e ao verem-na entrar em batalha franca e declarada contra seus mafiosos e especialistas. A malta comandada pelos senhores da escuridão atacou de forma impiedosa, projetando magnetismo causticante sobre psicólogos, médiuns desdobrados e a Horda como um todo, que estava particularmente exposta. Afinal, a máfia de Bugsy e Luciano encontrava-se fora de seu quartel-general, pois que estava inteiramente dedicada à empreitada de manipular autoridades e cidadãos influentes que haviam arrastado até o ambiente astral daquele hotel requintado.

Uma sombra escura solapou todos ali, como se, de repente, uma neblina espessa, sombria, uma nuvem de gases tóxicos e fumacentos fosse expelida das profundezas por algum vulcão em súbita erupção. O hotel onde se realizava a experiência macabra da Horda foi totalmente engolfado naquela fumaça amaldiçoada de fluidos densos e pestilentos manipulados pelas mentes diabólicas dos magos negros.

Tão logo Lucky tomou ciência dos acontecimentos

macabros daquela noite, deu ordem imediatamente:

— Protejam nossos especialistas, o homem forte, os irmãos Castro e Maduro e também os do grupo seleto, que nos são caros. Protejam-nos a todo custo! Esses não podem cair nas mãos dos magos outra vez. Retirem-nos imediatamente do salão onde jazem submetidos a nossas experiências. Abandonem o restante de parlamentares e os demais!

Lucky instruiu rapidamente seu general, comandante de um exército de entidades que defendiam com unhas e dentes a política adotada pela Horda, sob as ordens de espectros. Os emissários levaram a sério as determinações do chefe, pois sabiam muito bem o que significava não obedecer a Lucky Luciano. Não demorou muito para o líder da máfia perceber o que sucederia a partir de então.

— Vamos, Bugsy! Vamos retornar ao nosso ninho. Sei que por trás de tudo isso estão as mãos dos agentes dos guardiões. Eles não tardam aparecer por aqui.

— Para o reduto de sempre, chefe?

— Claro! De lá teremos como observar tudo sem cairmos nas armadilhas dos magos. Poderemos administrar tudo a partir de nossa base. Acredito que já temos certo domínio sobre os parlamentares e sobre número expressivo de poderosos. A coisa vai incendiar por aqui, e no mundo físico, também. Vamo-nos!

Simplesmente sumiram, desapareceram pelas galerias mais sombrias, pois, embora não temessem os magos — num claro gesto de imprudência —, tinham convicção de que, dentro em breve, os guardiões apareceriam. Por conseguinte, a operação foi abortada repentinamente; a sessão mediúnica demoníaca da hidra foi decapitada, ao menos por ora.

Razzor aproveitou a deixa dos chefes e desligou alguns parlamentares dos médiuns, retirando-os do ambiente. Não admitia perder suas presas de modo assim tão fácil, porém, não teve tempo de fazer muito mais. Os magos irromperam com toda a fúria de que eram detentores.

O embate aconteceu nas primeiras horas da madrugada do dia fatídico em que viriam à tona certos segredos que abalariam a nação. O exército de Lucky, comandado por seu general, alimentou as baterias de suas armas elétricas — retirando a eletricidade da atmosfera circundante — e disparou contra a milícia atacante. A linha de frente da horda dos magos, composta pelos sombras, foi francamente abalada. Ressentindo-se do impacto em seus corpos quase materiais, eles tombavam ao solo, rolando; logo em seguida, porém, ainda em meio ao movimento, levantavam-se, tontos, e retomavam as investidas.

Por sua vez, os sombras empunhavam um armamento de aparência um tanto arcaica. Quando o acionavam, uma substância fuliginosa, desconhecida dos soldados da Horda, cortava o ar e atingia de chofre a estrutura perispiritual dos oponentes. O projétil, de forma circular e com alguns poucos centímetros de diâmetro, explodia sobre os corpos dos seres alvejados e, ao romper-se, despejava fluidos venenosos advindos das regiões mais ínferas, ignoradas pela máfia de Luciano. Aquilo se aderia aos guerreiros atingidos, fazendo com que revolvessem de dor e, no chão, tremessem como numa convulsão. O amálgama pestilencial continha, na verdade, elementais envenenados, que haviam sido cultivados nas redomas dos magos e dos cientistas das sombras e alimentados exclusivamente com a matéria pútrida dos pântanos umbralinos. Não apresentavam somente a propriedade de se grudarem nos alvos, como também passavam a sugar-lhes a vitalidade, à moda vampiresca. Era uma batalha como nenhuma outra jamais enfrentada pelas tropas de Lucky, que começavam a temer os senhores da escuridão e da magia.

Egbá, o mago mais antigo, movimentava mãos e braços formando símbolos cabalísticos na atmosfera psíquica circundante e, então, arremessava o produto de sua magia, desconhecida pelos opositores, rumo a eles. O general dos exércitos de Lucky aproximou-se, rodopiando a custo nos fluidos grosseiros da região extrafísica terra a terra, em cima de um veículo redondo e chato. Era uma espécie de disco, ou prancha voadora, guiado por meio de dispositivos desenvolvidos nos laboratórios do submundo. Quando fez menção de capturar Egbá, ficou claro que nem sequer o oficial de mais alta patente da Horda sabia contra quem combatia.

O mago voltou-se num átimo e mirou fixamente os olhos do general daquela brigada da penumbra. Já nesse momento, ele escorregou e tombou do veículo, embora se tenha mantido elevado a alguns centímetros do solo antes de se espatifar vergonhosamente. Mas levitar não estava no rol de habilidades do militar; tudo era efeito da força invulgar do pensamento do antigo iniciado, que gargalhava sinistramente.

Uma mão esquálida aproximou-se da cabeça do homem de Lucky, o general das trevas. Egbá o tocou com um olhar demoníaco, exalando uma fuligem amarela dos poros de seu corpo astral. O hálito da criatura lembrava o cheiro fétido das profundezas. O odor se aprofundava à medida que sua aura, uma mistura de tons escuros de roxo e vermelho, irradiava-se no entorno do espírito do guerreiro, que urrava de dor enquanto seu feitio se estertorava. O aspecto do deplorável ser se transformava perante os olhos atônitos de seu companheiro de armas, que ocupava posição imediatamente inferior na hierarquia militar da guerrilha. Ele assistia a certa distância ao fenômeno, que lhe era tanto estranho quanto inédito. Nada ali seria capaz de impedir o mago de sugar as últimas reservas vitais do inimigo, como um monstro voraz das regiões abissais. O infeliz espírito tinha convulsões e mais convulsões, até modificar por completo sua aparência, enquanto seu algoz girava em torno do próprio eixo, cada vez mais intensamente, e atirava dardos inflamados a esmo, atingindo as fileiras do adversário, que se quedavam ao chão.

Por todo lado, a batalha entre a Horda e os magos

estava a pleno vapor. Tudo à volta parecia ferver em meio aos fluidos turbulentos despertados e inflamados pelas energias mentais de magos experientes, que intentavam retomar a hegemonia sobre certos parlamentares e demais indivíduos influentes que tinham sob seu jugo havia tempos, apesar das recentes baixas e derrotas.

A guerra entre facções rivais do submundo somente terminou quando se ouviu um estrondo, assustador para ambos os lados, ao irromper-se, sem prévio aviso, a majestosa nave dos guardiões, jorrando luz sideral por todos os seus sete compartimentos. Era a Estrela de Aruanda, guiada por espíritos das esferas superiores. Aquela foi a deixa para Watab entrar em ação com os guardiões. Espíritos das trevas, magos, cientistas, especialistas da mente, psicólogos a serviço de Lucky e sua família de mafiosos, todos partiram em debandada. Watab deu a ordem, e os guardiões entraram em campo com toda a força de combate, liberando os seres em desdobramento da ação engenhosa dos hipnos da Horda. Os militares da máfia que não tombaram em batalha correram do ambiente, recolhendo seus soldados, embora muitos tivessem sido capturados pelos guardiões ali mesmo, ante o olhar aflito dos comandantes e dos cientistas a serviço de espectros.

O mago Amon-Saat associou-se a Egbá, e saíram velozes do ambiente astral, por temerem a ação dos guardiões, cuja autoridade admitiam seriamente. Ambos sabiam que, se fossem capturados, seriam compelidos a enfrentar a justiça sideral ou — ainda pior, segundo acreditavam — a reencarnação, uma espécie de prisão corpórea, durante a qual correriam sério risco de perder a memória espiritual, esquecendo-se temporariamente dos conhecimentos que traziam armazenados. Fariam de tudo para evitar ambas as alternativas.

Em seguida, Watab mandou reunir as pessoas desdobradas diante da Catedral de Brasília e, ali mesmo, a céu aberto, deu a ordem para que fossem imunizadas em relação à ação de magos e de espíritos da Horda. Assim, os médiuns receberam intenso magnetismo ministrado por guardiões especializados em situações do gênero. Não somente eles, mas muitos dos parlamentares, dos empresários e dos homens influentes submetidos às experiências nefastas, mesmo os sindicalistas e outros parasitas que viviam atrás das autoridades para obter alguma vantagem particular, foram liberados da Horda e da ação dos especialistas em manipulação mental.

— Não terminamos o trabalho, amigos — asseverou Watab aos guardiões. — Lamentavelmente, boa parte dos parlamentares entrou nessa situação por conta própria, sabendo a que se sujeitava. Tal fato complica o quadro, pois não podemos interferir quando são eles mesmos que desejam a filiação a mentes criminosas. Nesse caso, não se pode afirmar que tenham sido vítimas. Há, também, ministros de estado e do Supremo, além de magistrados do TSE e do STJ, cujos comportamentos atraíram a Horda, e, como consequência, eles se associaram livremente a seus mandatários. Estão entregues ao próprio desatino, até porque adotaram como mentores pessoais os próprios magos negros e alguns especialistas da Horda. Fizeram jus a tamanho galardão. Em relação aos demais, podemos auxiliar em maior ou menor medida, conforme o caso particular.

— E a situação no mundo físico, entre os encarnados, Watab? — perguntou Omar, um dos oficiais, que até então fazia papel de agente duplo, tendo se infiltrado entre os magos.

— A corrupção é como um lixo, meu caro: sempre

haverá enquanto os homens não adotarem a retidão de caráter como um valor inegociável. Por isso, em matéria de gravidade, ela depende da motivação e do objetivo a que atende — até porque costuma crescer em escala também segundo esses mesmos fatores. Afinal, a hidra não incita apenas ao ganho pessoal e ao derrogamento de princípios; ela ambiciona colocar esses elementos a serviço de uma ideologia atroz, daquilo que se convencionou chamar de projeto criminoso de poder. Portanto, compete a nós proceder a uma faxina periódica, dentro do possível, senão chegará a hora em que será penoso demais transitar em meio a tanto lixo mental, ideológico e espiritual.

"Felizmente, contamos com gente nossa dentro do Congresso e em outros departamentos de estado, gente que está ali para cumprir o papel que lhe cabe, com diligência, presteza e atenção. Graças a esses, ainda poderemos continuar trabalhando pela limpeza do país. Confesso: é uma batalha árdua e longa, até inglória em algumas passagens. Mas não há tempo para esmorecer; muito está por vir. Precisamos reunir nossos agentes entre os encarnados e formar uma equipe só, firme, unida, para enfrentarmos as ciladas do inimigo com tenacidade ainda maior."

Seguindo as orientações que Watab dera, Semíramis, Astrid, Kiev e Dimitri, juntamente com outros oficiais dos guardiões, espalharam-se na tentativa de liberar algumas pessoas da ação nefasta realizada pelos cientistas da Horda. Sabiam que aquele era apenas o início. Quando as guardiãs retornaram, ainda ouviram Watab falar aos oficiais, enquanto os médiuns que se ofereceram para a associação criminosa com a Horda compunham a última turma a ser reconduzida aos corpos físicos:

— Precisamos que nossos aliados no plano físico se conscientizem mais e mais quanto ao fato de que nosso embate é com elementos espirituais acima de tudo, e não com humanos encarnados somente. Lidamos com uma guerra nos bastidores da vida, na qual os homens são meras marionetes do sistema desenvolvido nas sombras. A fim de enfrentar esse sistema e obter uma vitória mais expressiva, é preciso pôr em prática estratégias mais apuradas.

"Como exemplo, podemos citar o seguinte: no intuito de auxiliar de maneira mais produtiva, é ideal que nossos parceiros no mundo físico investiguem mais a fundo quem está por trás, nos bastidores extrafísicos de todos os conflitos. A partir de então, cabe identificar as conexões espirituais dos governantes, dos indivíduos que exercem poder, como grandes empresários, líderes sindicais e políticos de todos os partidos, notadamente os que estão envolvidos em processos de corrupção. É claro: há que eleger alvos e prioridades em meio a um grupo tão amplo. Uma ação desse naipe tornaria possível aos nossos agentes no mundo realizar, mediante sondagem medianímica e varredura nos enredados na teia da corrupção, o mapeamento das fortalezas e dos campos de concentração energética e espiritual que acometem o país. Esse tipo de ação, de pesquisa extrafísica, levará a descobrir os grupos de inteligências sinistras que estão por trás desse processo impiedoso que se alastrou por toda a nação.

"Nossos aliados e agentes precisam se organizar mais e deixar de trabalhar apenas por espasmo, abordando emergências. Isso também vale para grupos mediúnicos e de espiritualidade que queiram fazer algo. Recomenda-se estabelecer uma estratégia para agirem com foco em resultado sistemático, em vez de atacarem os problemas apenas quando estes se apresentarem de forma mais visível. Antecipar-se ao inimigo é usar da inteligência para perscrutar-lhe a maneira de agir, as prioridades, as armas, os redutos onde atua, enfim."

Nessa altura, surgiu Raul desdobrado, pois se recusara a ficar ao longe, como espectador. Chegou exatamente no momento em que Watab acabara de endereçar essas últimas palavras à equipe de guardiões.

— Desculpe, Watab — intrometeu-se Raul. — Esse tema me interessa pessoalmente, pois lido com diversas equipes, em frentes de trabalho diferentes. Como faremos, na prática, para realizar esse mapeamento das frentes de combate dos inimigos do bem e da justiça? Existe um esquema que podemos adotar?

— Claro, Raul, existem vários esquemas, mas penso que vocês precisam, antes de tudo, operar com uma equipe unida, na qual, além de engajamento, haja confiança mútua. Ter entre vocês elementos que estejam hesitantes e que alimentem discórdia entre os componentes do grupo equivale a dar vitória ao inimigo.

"Uma vez que tenham conseguido estabelecer um grupo coeso, confiável e que tenha interesse real em participar dessa guerra espiritual, podem começar por eleger o escopo de atuação, por hipótese, o Congresso Nacional ou até uma só das casas legislativas, entre outros alvos expressivos. A partir desse passo, no exemplo dado por mim, devem-se apontar os deputados e os senadores de maior projeção que notoriamente estejam mergulhados na corrupção e nas concupiscências do poder. Anotem as ligações partidárias e pessoais. Pesquisem a respeito de suas ligações com inteligências extrafísicas, explorem o histórico espiritual de cada um, tanto quanto o histórico na vida atual.

"Tudo isso formará um tipo de memória com base na qual poderão realizar as investidas espirituais ou o tipo de abordagem energética e desobsessiva que bem entenderem para auxiliar-nos, os guardiões, a atuar mais intensamente em benefício da nação ou do alvo mental específico que elegeram."

Raul ficou pensativo por uns momentos, enquanto Watab dava cabo daquela etapa de trabalho, que chegava ao fim. Respirando profundamente, o guardião da noite arrematou:

— Não pensem, amigos, que encerramos nossas atividades. Ao contrário, apenas iniciamos a faxina energética e espiritual. Em toda a Terra, empreende-se operação análoga e sem precedentes. Nesta hora grave, nosso foco não pode ser apenas um homem, um partido, nem sequer o Brasil isoladamente. A América Latina, em particular, atravessa momentos turbulentos. Portanto, significa que esta região do planeta tem sido alvo constante de ofensivas das trevas mais densas. Por que será?

"Arriscamos hipóteses. Neste solo abençoado, vemos prosperarem as ideias de espiritualidade independente, de uma religiosidade cada vez mais sadia, bem como conceitos otimistas e atitudes humanitárias que levarão esta nação e o próprio continente a se tornarem um farol para o restante do mundo. Não nos deixemos abater pelos maus ou pelas políticas das sombras. Não esmoreçamos com a deserção de companheiros que antes faziam parte de nossa equipe. Muitos serão testados, outros sairão do nosso meio, e poucos, muito poucos sobrarão, mas os veremos efetivamente comprometidos com o ideal. Grande parte se perde em meio ao tumulto, às brigas e às intrigas em redes sociais, ao fanatismo e à perseguição de pessoas e instituições que fazem algo de genuíno em prol da humanidade. Recordem: existem aqueles que se julgam zeladores da verdade imaculada e missionários da salvação doutrinária, para quem trazer a verdade à tona se equipara a destruir o trabalho alheio.

"Não desanimem. Temos muito tempo de trabalho pela frente. Mãos invisíveis sustentarão aqueles que permanecerem na luta. Serão vencedores apenas os que persistirem, não os desertores. Sobre todos nós, ergue-se a mão de quem é mais poderoso do que todos, o Cristo planetário, o qual mantém o leme da embarcação terrena em suas mãos. Não olvidemos isso jamais. O Brasil cumprirá sua missão, pois justamente onde existe mais necessidade, mais corrupção, é que há maior carência de luz e de conhecimento para fazer claridade."

Combati o bom combate, acabei a carreira, guardei a fé. Desde agora, a coroa da justiça me está guardada, a qual o Senhor, justo juiz, me dará naquele dia.

2 Timóteo 4:7-8

"Portanto, tomai toda a armadura de Deus, para que possais resistir no dia mau e, havendo feito tudo, ficar firmes. Estai, pois, firmes, tendo cingidos os vossos lombos com a verdade, e vestida a couraça da justiça; e calçados os pés na preparação do evangelho da paz; tomando sobretudo o escudo da fé, com o qual podereis apagar todos os dardos inflamados do maligno."

EFÉSIOS 6:13-16

tango em
Mendoza_

 encontro ocorreu em meio a um ambiente paradisíaco. Ao sul do continente, reuniram-se diversos chefes de estado para abordar, prioritariamente, os problemas socioeconômicos de sua região. Porém, entre os presentes, apenas um parecia perceber algo fora do comum para sua realidade. Para ele, era como se vivesse momentaneamente em dois lugares ao mesmo tempo, porém, interpretou isso como se fosse algum problema de saúde, que vinha sentindo periodicamente, dando-lhe a sensação de tonteira e, em outros momentos, a visão turva. Assim, ninguém ali percebia com nitidez a movimentação atrás do véu que separa as dimensões.

O hotel luxuoso abrigava as delegações dos países do chamado Cone Sul e alguns representantes de outros países convidados para a ocasião. Além da delicada membrana psíquica que limitava as dimensões, via-se grande movimentação. Três agentes desdobrados, cujos corpos estavam repousando num hotel no centro da cidade, estavam ali, na companhia dos guardiões. Os eventos no Brasil, na Venezuela e em alguns outros países se conectavam, no mínimo pela mesma vibração de entidades que manipulavam os acontecimentos.

— Vocês terão de ter cuidado redobrado, Herald e Raul — recomendou Zura, o espírito responsável pelos guardiões Legionários de Maria. — Temos aqui a presença de pelo menos um espectro; sabem bem como eles farejam de longe o ectoplasma de agentes nossos, desdobrados. Andrew deverá retornar ao corpo para ficar de prontidão, e assim se revezarão a cada dez ou quinze minutos. Enquanto dois estiverem fora do corpo, outro ficará na retaguarda com os guardiões, porém atento à base física, onde se encontram seus corpos. O máximo de cautela é necessário.

— Mas por que nos convidaram a vir para este evento repentinamente, sem nos avisarem com a devida antecedência? — perguntou Herald ao amigo espiritual.

— Sei que você estava em Caracas e que sua atuação lá tem sido de grande ajuda aos guardiões, mas aqui você e Raul poderão ser muito úteis. Raul já sabia há mais de três semanas que teria de vir. Existe um planejamento ousado dos espectros, que é sequestrar o duplo etérico de dois dos presidentes aqui presentes. Não somente as questões sociais, econômicas e políticas estão em jogo aqui, mas outras muito mais expressivas. Reparem, por exemplo, quem está aqui. Observem quem senta à mesa, desdobrado.

Raul e Herald se voltaram e viram Raul Castro, ladeado por Chávez — este, mais ou menos lúcido —, e um dos espectros, que, ao longe, prestava atenção a tudo o que ocorria. Em torno do salão luxuoso, diversos seres da escuridão tencionavam aproximar-se de alguns dirigentes, mas eram impedidos pelos guardiões dos Andes, que agiam em sintonia com os guardiões planetários. Os artífices das sombras sabiam que não poderiam fazer nada que não lhes fosse permitido, porém, tentavam mesmo assim.

— Por isto trouxeram Chávez e Castro desdobrados para cá: têm algo mais perigoso em mente.

— Sim! — respondeu Zura, com seu porte altivo e seu turbante azul-claro encimando a cabeça, como era próprio dos Legionários. — Querem sequestrar o duplo etérico de dois presidentes em especial. Um deles eles pretendiam recentemente levar ao auto-extermínio, depois das atividades da Horda. Veja lá! — apontou Zura para o outro extremo do salão.

— Lucky e seu comparsa, os mesmos que agiam no Brasil.

— Ainda agem, Raul. Não desistiram; apenas deram um intervalo para não enfrentarem os magos negros diretamente, pois querem ganhar tempo com os parlamentares. Estão aqui porque existem conexões entre os países dessa aliança e seus presidentes e conselheiros, ministros e demais delegações.

Raul encheu-se de raiva ao ver Lucky e Bugsy no ambiente.

— Cuidado, Raul! — Herald alertou o amigo. — Contenha seu ímpeto. Teremos muita demanda de trabalho hoje e amanhã. Sua raiva poderá fazer com que sejamos descobertos. Veja se não apronta uma das suas...

— Sei o que estou fazendo, Herald. Não sou louco, sabe muito bem.

— Só sei que, quando você está presente, muita coisa louca acontece! — falou Herald para o amigo, a quem conhecia há mais de trinta anos.

Viram que Bugsy saiu do ambiente após confidenciar algo ao amigo Lucky. Raul não deixou de notar o movimento.

O aparato já estava todo montado no quarto do hotel onde um dos presidentes ficaria hospedado. Era um tempo curto, mas o suficiente para que toda a parafernália pudesse ser montada ali pelos especialistas de Bugsy. Em outro quarto do hotel luxuoso, outra equipe montara os mesmos aparatos, obedecendo ao mesmíssimo rito.

— O que não conseguimos fazer no Brasil faremos aqui, longe dos agentes dos guardiões — falou Bugsy para Razzor, que o acompanhava naquela empreitada. Estavam ali em obediência ao planejamento daquele espectro que não se desligava da reunião, enquanto outro ficava de plantão no Palácio de Miraflores, em Caracas.

Na ocasião em que Raul retornava ao corpo pela terceira vez, Watab comunicou-se com o Legionário de Maria:

— Faça tudo para proteger nossos agentes, Zura. Eles foram convocados para servir de doadores de ectoplasma, a fim de que possamos usar nossos recursos e prosseguir com os planos. Convém ficar atento, pois cada agente tem lá seu jeito especial de se portar. Sabe bem a que me refiro.

Zura sorriu, algo que não lhe era habitual, mas mesmo assim o fez lembrando-se das peripécias dos seus parceiros encarnados.

— Pode deixar, meu caro. Estou atento a tudo.

— Envio-lhe Kiev, pois ele já tem experiência com alguns de nossos agentes. Por vezes, eles nos surpreendem de tão independentes que são.

Raul levantou-se por um minuto do local onde repousava, apenas para tomar um copo d'água e averiguar se o seu amigo Andrew estava desdobrado mesmo. Logo após, retornou para o leito e forçou a saída do corpo. Os fluidos do corpo espiritual se aglutinaram ao lado; rodopiou em seguida, conservando a mesma forma do corpo físico, apenas guardando ligeira diferença na altura do corpo espiritual e nos filamentos que sobressaíam do chacra coronário, à semelhança de fios de eletricidade finíssimos que pareciam movimentar-se logo acima do rapaz.

— Olá, Raul!

— Pelo amor de Deus, Kiev! Você aqui? Aposto que foi Jamar que o mandou pra me atrapalhar.

Kiev nem respondeu, pois sabia que não adiantaria nada. Limitou-se a questionar:

— O que faremos agora, meu caro? Qual é o plano?

Raul fitou Kiev da forma mais inocente possível, dizendo:

— Eu? Plano? Mas Zura me pediu para ficar atento às ordens dele. Nem sei a que se refere...

— Ora, Raul, não me venha com essa agora. Fale, homem! Diga logo o que pretende.

Raul não se fez de rogado. Preferiu não esconder de Kiev:

— Você conhece a história de Lucky e Bugsy, não?

— Bem, pesquisei algo a respeito quando tivemos de enfrentar a Horda, no Brasil. Só sei que a Horda se reorganizou após a batalha com os magos negros. Agora, os dois grupos disputam entre si permanentemente; são inimigos ferozes.

— Isso não importa, Kiev; deixe que se autodestruam. Falo do que na ocasião aprendemos na escola dos guardiões a respeito de Luciano e Bugsy. Eles ainda não confiam um no outro plenamente, embora os dois hajam trabalhado juntos no passado, em larga medida. Bugsy quer se vingar de Luciano, apenas aguarda o momento propício. Mas Lucky não sabe disso, ou pelo menos finge não saber.

— Já imagino o que tem em mente.

— Ótimo! Preciso localizar urgentemente a mãe de Bugsy. Você pode me ajudar?

— Logo a mãe de Bugsy? Como farei isso, homem?

— Ora, você que é o desencarnado aqui, e não eu. Mexa seus pauzinhos, meu caro.

Kiev revirou os olhos e, sem argumentar com o amigo, contentou-se em enxergar o fio da meada. Enviou uma mensagem mental a seus contatos em meio aos guardiões de Aruanda.

Entrementes, Lucky planejava atingir os dois presidentes ao mesmo tempo. A reunião da cúpula do Mercosul não era apenas uma convenção de encarnados. Aliás, sempre existem espíritos envolvidos nas relações entre os humanos encarnados no planeta. Os espíritos estão por toda parte — sobre a Terra, nas entranhas da Terra, nas águas, nos ares; em tudo, enfim. Como ali se encontravam homens com responsabilidades expressivas, existia quem quisesse aproveitar da situação. Não obstante, constatava-se o equilíbrio das forças ali representadas: assim como havia espíritos querendo atrapalhar, verdadeiros especialistas no campo da política, incluindo alguns convidados sobretudo para agirem na surdina, havia também guardiões.

Lucky incumbira seu braço direito, Bugsy, das providências para o sequestro dos duplos etéricos dos alvos. Sabia que podia confiar plenamente nele — embora Bugsy tivesse bastantes motivos para não confiar em Lucky, mas disfarçava isso, como se fosse vítima de uma amnésia. Lucky estava de olho no espectro, e o espectro, atento a Lucky, pois o nomeara seu porta-voz e o treinara pessoalmente durante diversos intervalos reencarnatórios.

Assim que Bugsy foi conferir os preparativos com sua equipe, algo diferente aconteceu, algo que nunca estivera nos planos do ex-gângster. Raul e Kiev mantiveram-se por algum tempo ocultos aos olhos do mafioso desencarnado. Ele não os podia notar, devido ao disfarce magnético cedido por Kiev a pedido de Raul. Serenos, o guardião e o médium aguardavam os acontecimentos.

— Filho querido! Benji!... — falou uma voz feminina, que fez Bugsy arrepiar-se todo. Sua memória voltou-se aos tempos de criança e de adolescência no instante em que ouviu o apelido carinhoso, derivado de seu primeiro nome, Benjamin.

— Mamãe?! — sobressaltou-se o gângster, num misto de pergunta e exclamação de espanto.

Quase se arrebentando em soluços, somente diante da lembrança materna, tentou conter o pranto para não ser visto por seus homens naquela situação.

—Você me prometeu voltar, filho! Disse que retornaria para nos tirar daquela vida...

—Mamãe, me desculpe! Me perdoe!...—agora não aguentava mais segurar o pranto. Soluçava, mesmo sem ver a mãe, que estava ali, presente. Invisível, a princípio, ela tocava-lhe a face.

—Filho do meu coração! Que você fez de sua vida? Por que não voltou, amor de minha vida? Como te amo, meu filho!

—Mãe! Mãe...—chorava e gritava em prantos, enquanto os homens a seu redor, os espíritos que se subordinavam a ele, não compreendiam o que sucedia.

Naquele exato momento, os presidentes chegavam aos seus aposentos, em virtude de um breve intervalo, mas a ordem esperada para sua trupe agir não foi dada por Bugsy, que estava derrotado, encharcado nas lembranças de tempos idos. Perdera a janela, a oportunidade de realizar o projeto do espectro e de Luciano.

—Meu filho amado! Como esperei por este dia... — nessa altura, a mulher adensou seu corpo espiritual ali mesmo, numa espécie de materialização sutil, a ponto de ser percebida por Bugsy, ou Benji. Utilizou o ectoplasma de Raul, que se sentia desfalecer à medida que o espírito maternal se corporificava à frente do filho, sendo amparado por Kiev.

— Você é doido mesmo, Raul — balbuciou o guardião, sabendo que Raul não o ouvia mais. Estava totalmente em transe enquanto o fenômeno se produzia e seu ectoplasma servia de matéria-prima para a mãe se adensar quase que completamente aos olhos do antigo gângster.

— Filho querido! — falava chorando a mãe, que logo abraçou Benji, o qual se jogara em seus braços, vencido pela emoção aterradora de vê-la daquela maneira absolutamente súbita e inesperada, após tantas décadas.

Ambos choravam, embora Benji, ou Bugsy, estivesse em pranto quase convulsivo.

— Que vergonha de você, mamãe! Que vergonha... — ele se deixava envolver cada vez mais nos braços da mãe, que o afagava. Enquanto isso, as lágrimas da mulher caíam-lhe sobre o corpo espiritual, o qual se modificava lentamente.

— Como te amo, filho! Quanta falta você me fez por estes anos todos.

— Mamãe querida! Que vergonha de você... Eu não pensei que iria tão longe assim, minha mãe. Juro que não pensei...

— Oh, meu Benji amado, não se preocupe com isso. Não precisa ter vergonha, filho. Eu te amo, e isso é suficiente.

As lágrimas da mulher derramavam-se sobre o gângster vencido enquanto ele via o próprio corpo espiritual remodelar-se, até assumir forma juvenil, quase de uma criança.

— Abraça-me, Benji! Abraça-me!

Os dois se abraçaram em pranto, como se as represas das duas almas tivessem se arrebentado e rios de água viva escorressem, aliviando a saudade e as dores de ambos.

Raul permanecia desfalecido, enquanto Kiev o segurava nos braços, ao mesmo tempo que Herald chegava para seu turno de trabalho fora do corpo. Este viu a situação e resolveu não intervir. Kiev olhou para o agente, e ele entendeu o que ocorria.

Depois de certo tempo, Bugsy, ora transformado no jovem Benjamin, adormeceu nos braços da mãe, como uma criança se entregando completamente cansada para ser conduzida por aquela que aprendera a amar. Somente depois disso, quando Jennie Siegel, a mãe de Bugsy, abrigou-o completamente em seus braços, Raul foi despertando também, nos braços de Kiev, tossindo um pouco, como se estivesse engasgado.

— Você me abraçando, guardião? — brincou com o amigo Kiev. O guardião ruborizou-se todo. Não falou nada, apenas liberou Raul, que foi se levantando, com lucidez suficiente para ver a mãe de Benji se retirar com seu filho adormecido no colo.

— Obrigada, meu caro amigo — foi o pensamento que Raul ouviu assim que o espírito de Jennie Siegel desvaneceu-se totalmente diante de seus olhos.

A equipe de Luciano e Bugsy viu tudo meio atônita, mas foi Razzor quem primeiro chegou perto de Luciano para dar a notícia. Luciano deu um grito, mesmo em meio à reunião da cúpula em Mendoza. O espectro captou-lhe o pensamento e, furioso, foi ao encontro de Lucky, com um ódio somente conhecido por quem já foi sua vítima um dia. Haviam perdido a oportunidade de fazer duas presas ao mesmo tempo.

Lucky Luciano saiu correndo, com todas as forças de sua alma rebelde e criminosa. Estava cheio de ódio e, ao mesmo tempo, com um medo descomunal do espectro, que o procurava por todos os lados. Ai dele se fosse pego pelo chefe de legião... Além do mais, um dos mais preciosos agentes se perdera — alguém que ele mesmo, o chefe de legião, havia treinado em conjunto com Lucky. Aquilo não ficaria assim; Luciano sabia o que o aguardava.

Kiev olhou para Raul e falou:

— Você é um demônio, meu amigo! Eu nunca pensaria algo assim.

— Eu sei! — respondeu Raul, fazendo o gênero *blasé*, como se não desse importância ao que Kiev dissera. — Mas não terminei ainda.

Kiev tentou fitar Raul, que se esquivou do seu olhar.

Àquela altura, Luciano saía do ambiente dentro do hotel luxuoso, onde a reunião de cúpula do Mercosul caminhava para o encerramento, sem que houvesse executado os planos do espectro, que agora o perseguia. Raul, por outro lado, em vez de sair dos aposentos e ficar quieto, concentrou-se profundamente, atraindo Luciano para perto de si. O gângster ouviu o chamado mental e, cheio de raiva e ódio pelo que acontecera, somados ao medo profundo do espectro, foi igual a um míssil em direção a Raul desdobrado, feito agora seu mais recente inimigo número um.

Raul, sabendo o que se passaria, gritou para Kiev:

— Fique perto de mim e faça o que lhe compete. Se algo acontecer comigo, você verá o que Jamar pode fazer.

— Eu sei, Raul, eu sei disso. Mas você tinha que aprontar justo agora?

Luciano chegou a 2m do médium desdobrado, mas se deteve tão logo viu Kiev empunhando a espada na mão direita, a qual rebrilhava como se fosse feita de ouro. Lucky sabia que a espada dos guardiões era, na realidade, um instrumento da técnica sideral. Muitas vezes ouvira falar desse precioso instrumento usado pelos representantes da justiça. Kiev, então, rodopiou a espada no ar, abrindo uma brecha no espaço, através da qual parecia passar o brilho de estrelas distantes. Luciano temeu por si. Não sabia o que era pior: enfrentar o espectro ou os guardiões.

— Não se preocupe, Luciano — falou Raul para *il capo dei capi*, o chefão dos chefões. — Os guardiões não o prenderão.

— Seu miserável! Você foi o responsável pelo que aconteceu com meu amigo Bugsy. Sabia que se intrometeu nos negócios do espectro? Sabia que poderá enfrentá-lo a qualquer momento e...

— Deixa de chororô, homem. Você é quem corre perigo.

— Eu te mato, miserável dos infernos! — e fez menção, descontrolado que estava, de partir para cima de Raul aos socos. Este não se moveu um centímetro que fosse, apenas apontou para Kiev, que remexia a espada como se fosse um brinquedo. Luciano, o chefão da máfia, deteve-se uma vez mais.

— Venho oferecer algo a você. Podemos escondê--lo do espectro caso queira evitar um confronto com ele. Pense nisso.

Luciano parou um momento, e sua fúria foi aos poucos se arrefecendo. Raul olhou direto nos olhos dele e aproximou-se perigosamente, mas confiante.

— Olha aqui, moço, eu sei que você não presta, é um assassino e, como se não bastasse, foi você quem matou seu amigo Bugsy. Que amigo você é... — falou ao gângster. — Além do mais, o espectro está atrás de você e sabe muito bem com quem você se associou. Você não tem nenhuma chance de enfrentar o espectro, pois sabe que ele é capaz de degenerar sua forma espiritual num estralar de dedos ou, então, aniquilar sua almazinha com uma força tão bruta que fará com que você se sinta uma criança impotente.

Luciano não sabia o que fazer ou dizer. Kiev olhava-os pronto para agir como um relâmpago caso fosse necessário.

— Olhe aqui, meu caro — continuou Raul, agora depositando o braço direito sobre ombro do espírito, que tremia todo de raiva, ansiedade e pânico, encurralado que estava pela situação. — Vamos falar a verdade: você não tem escolha! Ou se rende aos guardiões ou enfrenta o espectro. Creio que seja melhor para você vir para o nosso lado, pois aqui você será tratado com o máximo respeito, isso eu posso garantir.

— Respeito? Vocês porventura tratam com respeito quem trabalha contra vocês?

— Claro que sim! Ainda mais em tempos de delação premiada, como estamos vivendo no Brasil; assim, as coisas podem ser interessantes para seu lado.

— Como assim? — perguntou Lucky, visivelmente atraído pela proposta.

"Raul, não prometa o que você não pode assegurar" — Kiev advertiu o amigo por telepatia. Raul o ignorou.

— Bem, Lucky, posso lhe garantir que, se você colaborar conosco, dando-nos as coordenadas da

Horda ou falando da estrutura de poder desse grupo, Jamar, o nosso comandante, terá um olhar mais compassivo para com você — Raul falou piscando para Kiev, que não acreditava no que estava ouvindo.

— Mas... — gaguejou Luciano, o antigo gângster.

— Pense bem, amigo — falou Raul, caminhando a passos lentos com o criminoso astral. — Você não tem muitas opções, pois sabe que não poderá retornar para a sua Horda, e, além do mais, seu tempo está se esgotando. Vá com Kiev, vá, homem!

Entregou-o, assim, ao guardião. Kiev o recebeu colocando, também, o braço sobre o ombro do outrora poderoso chefe dos chefes do crime organizado norte-americano. Raul prosseguiu, enquanto Luciano já estava sob a custódia de Kiev:

— Em todo caso, você não será nosso prisioneiro. Caso resolva nos ajudar dando-nos as informações de que precisamos, tenho certeza de que Kiev mesmo lhe dará uma atenção especial — falou sem ao menos olhar nos olhos do guardião. Somente ouviu em sua mente a reação:

"Raulll..."

— Eu só dei uma forcinha, amigo — respondeu o médium em alta voz, sem ao menos olhar na direção de ambos, que se foram rumo ao quartel-general dos guardiões. Lucky Luciano não tinha alternativa.

— Raul, você sabe o que está fazendo? — falou Herald com o amigo.

— Claro que sei! Delação premiada, Herald. Você não conhece isso? — brincou Raul, fazendo uma mesura, enquanto regressavam do desdobramento.

Ao se levantarem, estavam com o corpo todo moído, as costas doendo, a cabeça latejando, pois travaram contato com alguns dos mais perigosos chefes do crime organizado no umbral.

— Está na hora de voltarmos para a capital. Vou retornar ainda hoje; vou antecipar meu voo.

— Impossível, Raul! — falou o amigo Andrew. — Não dá mais tempo; teremos de pernoitar aqui mesmo. Embarcaremos amanhã, afinal, não há nada mais a fazer por aqui. Os campos de luta voltarão a ser o Brasil e a Venezuela. A luta continua, amigo. Sabe que pode contar conosco. Agora temos um time de primeira, uma turma cada vez mais consciente e disposta a trabalhar.

Raul pensou nos diversos amigos no Brasil e fora do Brasil que atuavam em sintonia com os guardiões. Tinham muita coisa a fazer pelo país, pela humanidade; não dava para ficar de braços cruzados. O golpe estava em andamento do outro lado da vida, e, naquele momento, havia mais gente disposta a lutar junto com os guardiões, mais gente envolvida na guerra contra o mal.

Porque não temos que lutar contra a carne e o sangue, mas, sim, contra os principados, contra as potestades, contra os príncipes das trevas deste século, contra as hostes espirituais da maldade, nos lugares celestiais.

Efésios 6:12

referências bibliográficas

BÍBLIA de estudo Scofield. Versão: Almeida Corrigida e Fiel. São Paulo: Holy Bible, 2009.

KARDEC, Allan. *A gênese, os milagres e as predições segundo o espiritismo.* Tradução de Evandro Noleto Bezerra. Rio de Janeiro: FEB, 2009.

___. *O livro dos espíritos.* Tradução de Evandro Noleto Bezerra. 2. ed. Rio de Janeiro: FEB, 2011.

___. *O livro dos espíritos.* Tradução de Guillon Ribeiro. 1. ed. esp. Rio de Janeiro: FEB, 2005.

___. *Revista espírita:* jornal de estudos psicológicos. Tradução de Evandro Noleto Bezerra. Rio de Janeiro: FEB, 2004. (Ano II, fev. 1859.)

PINHEIRO, Robson. Pelo espírito Ângelo Inácio. *A marca da besta.* Contagem: Casa dos Espíritos, 2010. (O reino das sombras, v. 3.)

___. Pelo espírito Ângelo Inácio. *A quadrilha:* o Foro de São Paulo. Contagem: Casa dos Espíritos, 2016. (A política das sombras, v. 2.)

____. Pelo espírito Ângelo Inácio. *Cidade dos espíritos*. Contagem: Casa dos Espíritos, 2013. (Os filhos da luz, v. 1.)

____. Pelo espírito Ângelo Inácio. *Legião:* um olhar sobre reino das sombras. 11. ed. rev. Contagem: Casa dos Espíritos, 2011. (O reino das sombras, v. 1.)

____. Pelo espírito Ângelo Inácio. *O agênere*. Contagem: Casa dos Espíritos, 2015. (Crônicas da Terra, v. 3.)

____. Pelo espírito Ângelo Inácio. *O partido:* projeto criminoso de poder. Contagem: Casa dos Espíritos, 2016. (A política das sombras, v. 1.)

____. Pelo espírito Joseph Gleber. *Além da matéria:* uma ponte entre ciência e espiritualidade. 2. ed. rev. Contagem: Casa dos Espíritos, 2011.

**OBRAS DE
ROBSON PINHEIRO**

PELO ESPÍRITO JÚLIO VERNE
2080 [obra em 2 volumes]

PELO ESPÍRITO ÂNGELO INÁCIO
Encontro com a vida
Crepúsculo dos deuses
O próximo minuto
Os viajores: agentes dos guardiões
COLEÇÃO SEGREDOS DE ARUANDA
Tambores de Angola
Aruanda
Antes que os tambores toquem
SÉRIE CRÔNICAS DA TERRA
O fim da escuridão
Os nephilins: a origem
O agênere
Os abduzidos
TRILOGIA O REINO DAS SOMBRAS
Legião: um olhar sobre o reino das sombras
Senhores da escuridão
A marca da besta
TRILOGIA OS FILHOS DA LUZ
Cidade dos espíritos
Os guardiões
Os imortais
SÉRIE A POLÍTICA DAS SOMBRAS
O partido: projeto criminoso de poder
A quadrilha: o Foro de São Paulo
O golpe

ORIENTADO PELO ESPÍRITO ÂNGELO INÁCIO
Faz parte do meu show
COLEÇÃO SEGREDOS DE ARUANDA
Corpo fechado (pelo espírito W. Voltz)

PELO ESPÍRITO TERESA DE CALCUTÁ
A força eterna do amor
Pelas ruas de Calcutá

PELO ESPÍRITO FRANKLIM
Canção da esperança

PELO ESPÍRITO PAI JOÃO DE ARUANDA
Sabedoria de preto-velho
Pai João
Negro
Magos negros

PELO ESPÍRITO ALEX ZARTHÚ
Gestação da Terra
Serenidade: uma terapia para a alma
Superando os desafios íntimos
Quietude

PELO ESPÍRITO ESTÊVÃO
Apocalipse: uma interpretação espírita das profecias
Mulheres do Evangelho

PELO ESPÍRITO EVERILDA BATISTA
Sob a luz do luar
Os dois lados do espelho

PELO ESPÍRITO JOSEPH GLEBER
Medicina da alma
Além da matéria
Consciência: em mediunidade, você precisa saber o que está fazendo
A alma da medicina

ORIENTADO PELOS ESPÍRITOS
JOSEPH GLEBER, ANDRÉ LUIZ E JOSÉ GROSSO
Energia: novas dimensões da bioenergética humana

COM LEONARDO MÖLLER
Os espíritos em minha vida: memórias

PREFACIANDO
MARCOS LEÃO PELO ESPÍRITO CALUNGA
Você com você

CITAÇÕES
100 frases escolhidas por Robson Pinheiro

SOBRE O AUTOR

Foto: Mike Malakkias

ROBSON PINHEIRO é mineiro, filho de Everilda Batista. Em 1989, ela escreve por intermédio de Chico Xavier: "Meu filho, quero continuar meu trabalho através de suas mãos". É autor de mais de 40 livros, quase todos de caráter mediúnico, entre eles *O partido*, *A quadrilha* e *Legião*, também do espírito Ângelo Inácio.
Fundou e dirige a Sociedade Espírita Everilda Batista desde 1992, que integra a Universidade do Espírito de Minas Gerais. Em 2008, tornou-se Cidadão Honorário de Belo Horizonte.

Quem enfrentará o mal
a fim de que a justiça prevaleça?
Os guardiões superiores
estão recrutando agentes.

COLEGIADO DE GUARDIÕES DA HUMANIDADE
por Robson Pinheiro

FUNDADO PELO MÉDIUM, terapeuta e escritor espírita Robson Pinheiro no ano de 2011, o Colegiado de Guardiões da Humanidade é uma iniciativa do espírito Jamar, guardião planetário.

Com grupos atuantes em mais de 14 países, o Colegiado é uma instituição sem fins lucrativos, de caráter humanitário e sem vínculo político ou religioso, cujo objetivo é formar agentes capazes de colaborar com os espíritos que zelam pela justiça em nível planetário, tendo em vista a reurbanização extrafísica por que passa a Terra.

Conheça o Colegiado de Guardiões da Humanidade. Se quer servir mais e melhor à justiça, venha estudar e se preparar conosco.

PAZ, JUSTIÇA E FRATERNIDADE
www.guardioesdahumanidade.org

[illegible]

[illegible] dos representantes [illegible]

[illegible] no

[illegible]

[illegible] representantes. Tem[illegible]

[illegible]

[illegible]

[illegible]

[illegible]

[illegible]

[illegible]

[illegible]

[illegible]

[illegible] menos [illegible]

[illegible] representa[illegible]

[illegible]

[illegible] dos espíritos. [illegible]

[illegible]

[illegible] emocionais [illegible]

[illegible]

[illegible]

[illegible]

isso. Tenho de [illegible] que